下重暁子

老人をなめるな

GS
幻冬舎新書
667

老人をなめるな／目次

第二章 身体が不自由なときは、頭を使う 59

構成　平原悟
DTP　美創

第一章 なぜ日本は高齢者にとって住みづらくなったのか

年寄りは賃貸マンションも借りられない

年齢など気にする必要はない。私は常々こう言っている。

年齢というのは、戸籍に書かれている出生の年から現在までの年数にすぎない。要するに単なる数字だ。同じ年数が経過した家でも手入れが行き届いたものは少しも傷んでいないが、ほったらかしにするとわずか数年で朽ちてしまうのと同じで、人間も同じ年齢でも若々しい人もいれば、実年齢は若くてもくたびれている人もいる。

私自身、現在86歳だが、そのことでなにかを決めたり、諦めたりすることはない。そもそも年齢のことなど、意識することがないのだ。

ただ、時として、自分の年齢を意識させられる場面というものもある。正確に言えば、世間は年齢で人を差別するという現実を、認識させられると言うべきか。

その典型が賃貸マンションの契約だ。意外に知らない人も多いようだが、この国では年を取ると賃貸マンションも借りられない。数年前にそのことを知ったときは、本当にショックだった。

始まりは、自宅の仕事部屋が手狭になったことだった。私は物書きを生業《なりわい》としている関係で、どうしても資料として必要な本が溜まってしまう。自宅でも一部屋仕事用に確保していたのだが、どうにも収まらない。物書きの中には、倉庫のようなものを借りて本を保管する人もいるが、私は手元に必要な資料がないと、具合が悪い。

自宅で仕事をすることで、気にかかることもある。周囲の音など、仕事をする環境にはこだわらないタイプだが、どうしても困るのが玄関のチャイムの音だ。

一日自宅にいると、一度は必ず宅配便が荷物を届けに来る。わざわざ届けてくれたものを無視することはできない。対応すると、一旦集中が途切れてしまい、再び集中するのに時間がかかってしまう。

そこで、仕事用にもう一カ所マンションを借りることにしたのだ。

条件は、私が暮らしているマンションから徒歩圏内で、あまり家賃が高くないこと。できれば窓から見える景色が気持ちを落ち着かせてくれれば、なおよし、という程度。

贅沢を言っているつもりはなかったのだが、なかなか条件に合う物件が見つからない。

自宅の近くにある不動産屋に相談したところ、いくつか紹介してくれたが、提示した予算が低すぎたのか、どれも陽当たりが悪いなど、気持ちが動かない。

たまたま近くに友人が仕事場として借りているマンションがあることを思い出して訪ねたところ、これが実に素晴らしい。窓の向こうには昔、誰かの庭園だった池のある大きな公園があり、公園の緑と芝生が借景となっている。

ホテル形式のため、管理もとても行き届いている。こんな部屋が借りられればいいな、と思っていたら、それから数日後、なんと空きがあるという情報が飛び込んできた。

その部屋を管理している不動産屋を友人に紹介してもらったら、これがまたとても親切。私のことも気に入ってもらえて、すぐにオーナーに話を通してくれると言う。まさにトントン拍子だ。

家賃などの条件も決まり、あとは契約書を交わすだけ、という段になって予期せぬ事態が起きた。不動産屋のおじさんが、念のため年齢をお聞きしていいですか、と言う。

もちろん正直に答えると、困った表情になる。「なにか問題でもありますか？」と尋ねると、言いにくそうな表情で、こう言ってきた。

「申し訳ありませんが、そのお年では貸せないとオーナーが言っているのです」

理由を聞くと、80歳以上の方はいつ倒れるかわからないから貸したくない、ということらしい。私は元気だし、身の回りのことも全部できますよ、健康診断でもなにも問題はないといくら言っても、「それはわかりますが……」と言葉を濁すだけ。

だが、私としてはこんな条件にピッタリの物件を逃すことはできない。なんとか説得してもらえないか、と頼んだところ、不動産屋さんからある提案が来た。個人では貸せないが、事務所としてなら契約できそうだ、というのである。

詳しく聞くと、借り主の名義以外に条件面の変更はない。元々仕事場として借りるのだし、私としては異存はなかった。

こうして高齢者は排除される

こうして私は念願の部屋を借りることができたが、釈然としないのも事実だ。だって個人だろうが、事務所名義だろうが、借りるのは私であることに変わりはない。しかも、私は仕事場として借りるから、事務所として契約することができたが、住居として借りたいと思ったら借りられなかったのだろう。

どんなに元気で、お金があっても、年寄りだからというただ一つの理由で、好きな部屋に住むこともできない。これは大問題だ。

この一件があって以来、同年代の人に話を聞いたところ、同じような経験をしている人がとても多かった。高齢化が加速している日本で、こんな状況が放置されていていいものなのか。日本では憲法で、住居、移動、職業選択の自由が認められているはずではないか。

たしかに今の高齢者は持ち家のある人が多い。日本では、国を挙げて持ち家政策を進めてきたからだ。

住宅を買えば、それに伴い家具や家電も買い換える。それで経済を拡大させようということ。その考え方自体は、悪いとは言えない。不動産自体の価値も右肩上がりだったから、将来的には子供が喜んで引き継いでくれた。

しかし、時代は変わった。日本中空き家だらけの今、値段が維持されるのは都心の一部だけ。あとは子供に残しても「負動産」と言って困らせるだけだ。

死ぬまで住もうと思っても、維持するのも大変だ。配偶者に先立たれ、一人になったら広すぎてメンテナンスもできない。手放して、賃貸に移るのが合理的だと思うが、それも年齢を理由に断られる。一体どうしろというのか。

中には、現役時代は賃貸住まいと決めている人もいる。特に私の周りの文化的な分野で仕事をしている人には、そういうタイプが多い。家を買ってしまうと、そこに気持ちが縛られてしまう。それがいやなのだ。これは、とても理解できる。今借りているところに住み続けているうちはなんとかなるかもしれないが、今後新たな部屋に移れないとすれば、やはり大きな問題だ。

私がやったように、事務所名義にすれば、すべての高齢者が希望する賃貸マンションを借りられるのかと言えば、そんなこともないこともわかった。

先に紹介した仕事場だが、周囲の環境はとても気に入っているのだが、いざ使い始めてみると、どうにも狭いのだ。八畳程度のワンルームだから、机と椅子、それにちょっと休憩するときのためのソファーと本棚を入れたら、それでほとんど空間がない。一方で、年々資料として購入した本は増えていく。そこで、もう少し広い部屋に移りたいと考え始めた。

私の自宅は都内のマンションだが、敷地内に複数の建物があり、時々何室かがテナントを募集している。ここなら、徒歩圏内だし、環境的には問題ない。管理がしっかりしていることもわかっている。なぜ、それに気づかなかったのか。まさに「灯台もと暗し」だった。早速このマンションを扱う大手の不動産屋に相談した。

対応してくれた若い女性はとても親身になってくれ、すぐに3つの候補を提示してくれた。下見をすると、どれも私の希望を満たしている。

ところが、いざ契約となると、どれもオーナーからNGが出てしまう。理由はやはり「年齢」なのだ。個人の住居として貸せないなら事務所名義で契約してもらっても構わないと提案したが、それでもクビを縦に振ってくれるオーナーは現れなかった。

つまり前のケースは例外的に借りられただけ。80歳以上の年寄りは、どんなに元気でお金があっても賃貸マンションは借りられない。それが、この国の現実なのだ。

晩年だからこそ、好きな部屋で暮らしたい

ではなぜ、年寄りに貸したがらないのか。いろいろ調べてみたが、合理的な理由が見つからない。収入が少ないため、家賃の滞納リスクを心配しているのかもしれないが、高齢者は年金が主な収入だから金額は死ぬまで変わらない。いつ仕事をクビになるかわからない現役世代のほうが、不安定と言ってもいいだろう。

部屋で亡くなると困ると考えるのか。年寄りは若い人に比べて死ぬ確率が高いのは事実だ。孤独死する人が多い。そうなると「事故物件」になってしまい、次の借り手

を探す際、不利になるということかもしれない。

事故物件とは、事件や事故が原因の死、自殺、孤独死などにより入居者が死亡した物件をさす。こうした事態が発生した場合、新たな借り主に対し、その旨を知らせるのが不動産業界では通例になっている。

ただ、これはあくまで通例で、告知が法律で定められているわけではないそうだ。

さらに言えば、なにをもって事故物件と言うかも明確な基準はない。ただし、借り主に不利益な情報を提示しなかった場合は、ペナルティが科せられるということは法律で決まっている。このため、不動産業者とすれば、後で文句を言われるのは面倒臭いから先に言っておこう、というのが本音なのだ。

貸し手にとっては、孤独死が起きた後の始末も大変らしい。契約者が亡くなったからと言って直ちに契約が消滅するわけではないため、勝手に部屋の中を空にすることはできないようなのだ。

仮に親族がいる場合、その人に確認を取る必要がある。連絡が取れなければ、厳密に運用しようとすると裁判を起こして処分する許可を取ることになる。

家賃数万円のマンションのために、そんなコストをかけるのは間尺に合わない。だったら、最初から貸さない、と考えてしまうというわけだ。

ビジネスとしての合理性はともかく、こうした事なかれ主義のおかげで、高齢者が賃貸物件を借りられないとすれば、それは話が別。たしかに自然死の可能性は高齢者のほうが高いかもしれないが、人間は必ず死ぬものである。しかも、ふつうは具合が悪くなれば病院に行くし、その部屋で死ぬとは限らないのに、事なかれ主義で年寄りが排除されている。

人生１００年時代と言いつつ、年寄りが新たに部屋を借りられないなど、あり得ないではないか。

なにより年齢という、本人の努力ではいかんともしがたいことによって、高齢者の賃貸住宅への入居の道が閉ざされているのは、おかしい。少なくとも経済的な部分で問題がないという前提がクリアされているのなら、健康診断の結果などで、貸すか貸さないかを判断するのが合理的だ。私の友人でまだ60代でバリバリ仕事をしているのに、夫が死亡して女一人という理由で借りられなかった人もいる。

日本は少子高齢化で、これからますます年寄りが社会の担い手になる。したがって、年寄りが生きやすい社会こそが、日本の未来をハッピーにするのではないか。

実は私がこうしたことをあちこちで言い続けてきたことも少しは影響したのかもしれないが、国もようやく重い腰を上げたようだ。

２０２１年10月８日、国土交通省から新たなガイドラインが示され、自然死や日常生活の中での不慮の死については告知しなくてもよい、ということになった。

これで高齢者が好きなマンションを借りられるようになるのかどうかわからないが、一歩前進したことは間違いない。ぜひ、これを機に、高齢者が晩年、自分の意思で好きな場所で暮らせるよう、政府には抜本的な改革をしてもらいたい。

「年寄りは田舎が好き」と決めつけるな

年を取ると好きな場所に部屋を借りることもできない、と言っていたところ、それは都会の一等地だけ、地方の田舎なら空き家だらけだから、お金を出せば好きなところを借りられますよ、と言われた。

ふざけてはいけない。年寄りは田舎が好きだろうという先入観を持って見ていること自体、差別だ。それこそ、年寄りは誰もいない場所で静かに死ね、ということか。

もちろん、地方の自然が豊かな環境は魅力的だ。だから私も毎年一定期間を軽井沢で過ごしている。だが、それは都会にホームグラウンドがあるからいいのであり、田舎に住み着こうとは思わない。馴染《なじ》みのある軽井沢でもだ。

むしろ、年寄りほど便利な都会に住むべきだと思っている。病院などの医療環境も充実しているし、スーパーも多いから買い物も便利だ。新型コロナウイルスの影響もあるのか、最近は買ったものを自宅まで運んでくれるサービスも増えている。これは都会ならではだ。

田舎では公共交通機関も少ないから、マイカーが不可欠なのに、高齢者は事故を起こすから免許を返納しろと言う。確かに高齢者が事故を起こすとマスコミは大きく取り上げるが、実際には決して高齢者の事故率が突出して高いわけではないそうだ。かえって慎重だという説もある。

都会は人が多くて騒がしいという意見もあるが、年寄りにはそこも好都合だ。刺激が多いため、ぼけずにすむ。静かな山の中で、それこそ一日誰とも話をしないような場所で急に暮らし始めたら、あっという間にぼけてしまうかもしれない。

作家の武田泰淳《たいじゅん》の妻で、随筆家の武田百合子さんと仕事をし、赤坂のご自宅までタクシーに同乗したとき、「年を取ったら、住むのは都心に限る」と話された。地方から東京都心に戻ったときにネオンが見えると、ホッとするそうだ。

年寄りほど都会に住んで、多くの人と関わることが元気でいる秘訣ではないかと私は思う。賃貸マンションが借りられないからと言って、買うことができればいいが、今や都心の不動産は異常に高騰して、とてもじゃないが高齢者が買える値段じゃない。どうすればいいというのか。

高齢者こそ都会に住むべきという私の主張からすれば、老人ホームが自然環境のいい郊外に多くあるのも解《げ》せない。

以前、ＮＨＫの同期会で静岡県の熱海に行ったのだが、かつてホテルだった場所が、観光客が減ったからか高齢者施設にリニューアルしていた。タクシーの運転手に聞くと、どこも建てるとすぐに定員は埋まるらしい。

熱海は気候も温暖だし、温泉も出るから年寄りが暮らすには最適だと思うのだろう。家族にとっても、熱海ならお見舞いのついでに温泉に浸かれるから一石二鳥というのもあるかもしれない。

営業妨害をするつもりはないが、熱海が高齢者施設の場所として適しているとは、私には到底思えない。あのあたりは海岸のすぐ近くまで山が迫っているため、坂道がとにかく多い。それも、自動車を運転してのぼるのが怖いくらいの急坂だ。あれでは年寄りが散歩を楽しめないし、買い物だってできやしない。

車椅子の生活になったらなおさら、介助の人もあの坂を押して上がることなど不可能だ。施設の中は快適な環境を整えているのだろうが、一年365日室内にいたのでは足腰が弱って、すぐに歩けなくなるのは火を見るより明らかだ。

それでいて料金が安いならともかく、都心と変わらないというのだから信じられない。先の運転手も「こんなところに老人ホームを作る気が知れない。早死にして欲しいんですかね」と言っていた。

田舎暮らしの理想と現実

最近はコロナの影響もあって、若い人が人口密度の高い都会の暮らしを捨てて、地方や郊外に流入しているという。けっこうなことだが、そう長くは続かないと私は思っている。

若者とは言えないが、私の周辺にも定年などを機に地方移住した人が何人かいた。その後の話を聞くと、あまりうまくいっているようには感じない。理想と現実のギャップに悩んで、最終的には都会に戻る例も多い。

アナウンサー時代の後輩も数年前に軽井沢に移住したが、数年で千葉に移っていった。彼女によると想定外だったのが、冬の寒さだった。零下15度になることもあるから、道は凍りついてすべる。私も3年に一回ずつ骨折した。

私は軽井沢に山荘を所有しているからよく知っているが、冬の寒さは尋常ではない。これは経験した人にしかわからない。夏場に避暑で訪れて軽井沢の魅力に惹《ひ》かれて移住したのはいいが、冬を経験して驚いて逃げ帰ってしまうのだ。

もう一つ彼女が言っていたのが、文化の違いだ。彼女は料理が得意で、軽井沢でおしゃれな日本食の店を持った。センスのいい人だから、店舗のデザインもとても洗練されていた。

レストラン経営は彼女の長年の夢で、夫と二人で開店したときは本当に嬉《うれ》しそうだったが、結局2年で店をたたんでしまった。理由は単純で、地元の人がまったく来ないので、観光客の多い夏場以外に客が来ないのだ。それはそうだ。あんなおしゃれな店に地元の人が来るとは思えない。

むしろ、ああした都会的なものには反感を持つ。軽井沢は古くから外国人宣教師や政財界人の避暑地として開発されたため、地元の人も同じ趣味だと思われがちだが、それは誤解。そこが、外から見ているだけではなかなか理解できないのだ。

彼女は2年で店をたたんだから、損害も最小限に食い止められた。見切りをつけられず赤字を出し続けたら、今頃老後の資金の大部分を失っていたかもしれない。

最近は彼らのように地方に憧れる人に対し、移住をすすめる業者も増えている。業者が増えているということは、お客も多いのだろうが、彼らがこれから数年後にどんな人生を送っているか。想像すると暗い気持ちになってしまう。

エスカレーターが速すぎる！

高齢者こそ都会に住むべきだ。私は常々そう言っている。医療やショッピングは便利だし、文化施設も豊富だから精神的にも豊かな暮らし方ができる。

だが、都会にも不満がないわけではない。むしろ、高齢者の立場からすれば、改善すべき点は多い。

まず、駅のエスカレーターの速度はなんとかならないか。あくまで私の印象だが、最もひどいのが横浜駅だ。なにかの用で横浜に行かなければならなくなると、それだけで憂鬱《ゆううつ》になる。速度が速すぎて、乗るタイミングを取るのが大変なのだ。最初の一歩を踏み出すとき、いつもドキドキしてしまう。

人がいないときは自分のいいテンポで乗ればいいが、後ろに大勢人が並んでいるときなど、つまずいたらどうしよう、将棋倒しにでもなったら大変だと思い、ますます不安になる。

私は子供の頃オペラ歌手を目指したほど音楽が好きだったし、48歳からはバレエ教室にも通っていた。リズム感には自信があるから、なんとかなっているが、それだってあと2、3年もすればどうなるかわからない。おそらく、エスカレーターに乗る度、恐怖を感じている高齢者は少なくないはずだ。

元々エスカレーターが生まれたのは、足の不自由な人や足腰が弱った人でも上の階に上がれるようにするためだ。要するに年寄りのための存在である。それがいつの間にか元気な人も乗るようになった。

若い人は仕事や用事で忙しくしていることが多いから、少しでも早く移動したいと考える。それに応えるためにエスカレーターの速度も速くなったのだろう。そして、今やエスカレーターは高齢者のためどころか、敵対する存在になってしまった。本末転倒だ。

若い人からすれば、多くの高齢者が感じているエスカレーターへの恐怖心など理解できないだろう。そんな人にぜひ試して欲しい、私が心から愛しているエスカレーターを紹介しよう。それは、東京・千代田区の皇居のそばにある学士会館のエスカレーターだ。

建物の外側にあり、階段に換算すればほんの数段分しかない短い距離だが、私が知る限り、日本で一番、いや世界一ゆっくり動くエスカレーターなのだ。学士会館は旧帝国大学の卒業生のためにあるサロンのような施設だから、利用者は年寄りがほとんどだが、私でさえ、これじゃあ歩いたほうが早いと思えるほど遅い。

あんな短い距離のためになぜエスカレーターを設置したのか不思議だが、なぜか幸せな気持ちになる。若い人ならイライラするはずだ。面倒臭い、と飛び降りてしまうかもしれない。だが、それが高齢者にとって快適な速度だということを体験して欲しい。とりわけ街作りに関わる仕事をしている方にはこのことを理解していただきたい。

駅のホームからベンチが消えた

駅と言えば、昔はどこのホームにもあったベンチもどんどん姿を消している。都心の場合、数分おきに電車が来るから必要はない、と考えたのかもしれない。

しかし、それは元気な人の発想。年寄りは駅に入り、通路をえっちらおっちらと歩き、ようやくホームに到着するだけでも一苦労だ。電車が来るまでの数分でもいいから、座って休みたいのだ。

そう言えば、ホームに限らず、駅構内にゴミ箱もなくなった。コロナをきっかけにしたセキュリティのためかもしれないが、立って電車を待つとき、あれに寄っかかるだけで、ずいぶん助かっていたものだ。

街の中の段差も、なんとかして欲しい。車道と歩道の境の縁石など、年寄りを転ばせるため以外になにか目的があるのだろうかとさえ思う。日本では当たり前だが、欧米先進国であんなものがある国は珍しい。

年寄りもそうだが、ベビーカーを押している人にとっても、あれは難敵だ。要するに、弱者に寄り添う発想が欠けているのだ。

車道を広くするとか綺麗に舗装し直す工事はいつもやるわりに、こうした街のバリアフリーには予算を投じない。日本は高齢化社会と言いながら、年寄りが快適に暮らせる街の作りにしようという発想が感じられないのである。

年寄りに席を譲る文化が消えた？

これは、自分も将来年を取るのだという想像力に欠けるからだと思うが、根本的な問題として、他人に対して優しくないのだ。恥ずかしくて声がかけられないというのもあるかもしれないが、電車で立っている年寄りを見ても、席を譲ろうという人はいまだに少ない。

ここにはスマホの影響もあると思う。多くの人は片手でバッグを持っている。そのうえにスマホを操作しようとすると、もう一つの手も塞《ふさ》がってしまい、つり革を持つことができない。そこで、空いている席があると座りたくなる。年寄りが立っているのに気づいても席を譲らないのは、スマホの弊害だ。加えて、ひたすらスマホを見ているから、目の前に年寄りがいても気がつかなかったりするのだろう。

じゃあ、昔はもっと弱者に親切だったかと言えば、そうとは言えない。目に見える形で親切な行動をしていたわけではない。だがそれでも雰囲気としては親切だった。年寄りを始め弱者への気遣いはあったように思う。友だちの前や、大勢人がいるところでは恥ずかしくて席を譲れなくても、一人のときは譲る。そんな感じだった。ところが今は、スマホが大事と見て見ぬ振りをする。そこがとても淋しい。

外国に行くと、こちらが恥ずかしくなるくらいに親切にしてくれる。年寄りや小さな子供を連れている母親が電車やバスに乗ってくれば、さっと席を譲るし、ベビーカーを押している人がいれば、抱えて乗せるのを手伝う。それも実にスマートだ。

日本でも年寄りが近づいてくると席を立つ人もゼロではない。譲ってもらえば、私は遠慮なく座らせてもらうし、「ありがとう」と感謝の言葉も添える。それが相手への礼儀だし、社会人としてのルールだ。

冷たい飲み物は免疫力を下げる

コロナ騒動が起きて以来、不思議に感じることが山ほど起きた。

テレビを見て感じるのは、ビールのコマーシャルがやたら多いことだ。それも、ニュースや報道番組で、コロナに注意しましょうと注意喚起したその直後に、ビールで盛り上がるコマーシャルが流れるのを何度も見た。

コロナの感染防止のため、飲食店に営業の自粛が求められた。飲食店での売り上げが減った分を家庭で消費してもらおうというビールメーカーの戦略だろう。営利企業だから、それは仕方ない。そうした広告に踊らされたのか、自宅でのビールの消費が順調に伸びたという。在宅ワークが増えて、溜まったストレスをアルコールで洗い流しているのだろうか。まあ、これも理解できないこともない。

問題は、その飲み方だ。キンキンに冷えたビールをゴクゴク飲む映像が、コマーシャルでも繰り返し流される。その結果、多くの人が冷蔵庫で冷やしたビールを飲んでいる。中にはグラスまで冷やして飲むのだという。これは絶対に問題だ。

冷たい飲み物で身体《からだ》を冷やすことは、免疫力を低下させる。つまり、コロナウイルスに感染するリスクを高めてしまう危険性がある。しかもアルコールが入れば、気持ちが緩んで大声で喋る。家族とはいえ、感染するリスクはないわけではない。キンキンに冷やしたビールをガブ飲みするなど自殺行為だ。

ビール好きは、こう反論するかもしれない。冷えていないビールなど飲めるわけがないじゃないか。

しかし、それ自体、私に言わせれば思い込みにすぎない。多くの日本人にとってビール＝冷たい飲み物だが、世界中を見渡せば、決して当たり前ではない。私も最初に見たときは驚いたが、ビールの本場ドイツのミュンヘンでも、ビールはまったく冷やしていない。ヨーロッパでは、常温で飲むものなのだ。

日本はヨーロッパに比べれば気温や湿度が高いから冷やして飲むんだと言いたいかもしれないが、真冬も冷やして飲むではないか。

ミュンヘンを訪れたとき、私は体調を崩していたのだが、つき合いでビアホールに行くことになった。飲み物はビールしかない。困ったな、と思っていると、店の人が「温めましょうか」とホットビールを出してくれた。元々冷たいものは飲まないようにしている私だが、さすがにビールのホットは飲んだことがない。

しかし、善意を無下にするわけにもいかず、試しに飲んでみたところ、これが、なかなかいける。いや、こんなにおいしい飲み物があるのか、と感銘を受けた。だまされたと思って、ぜひ試して欲しい。

私はビールに限らず、冷たい飲み物をほとんど口にしない。レストランも氷が入った水が出てくると、氷を抜いた常温のものに替えてくださいとお願いする。よく考えれば、水に必ず氷が入っているのも、先進国では日本だけではなかろうか。私に言わせれば、水は冷たければ冷たいほどおいしいと洗脳されているようにしか見えない。

困るのが、夏場に外出先で喉が渇いたときだ。コンビニも自販機も常温飲料を販売する動きはあるようだが、まだ一般的ではない。夏場は冷たい飲み物しか売っていないところが多い。自販機の場合、商品によって温度を調節するのは難しいのかもしれないが、温めないまでも、せめて常温の商品をいくつか用意すべきだ。

私が冷たいものを飲まなくなったのは、長年お世話になっている中国人の鍼灸医《しんきゅうい》に、「元気になりたいなら、身体を温めることがなにより大切」と教わったためだ。

その先生によると、高齢者は特に冷たいものは大敵だと言う。私も以前はよく膀胱《ぼうこう》炎《えん》になって困っていたのだが、冷たいものを飲むのをやめたら、発症しなくなった。

同じ悩みを持っている方は、お試しいただきたい。

日本人にがんを発症する人が多いのも、冷たいものの飲みすぎが影響しているのではないかと私は思っている。

先の鍼灸医によると、「うちに来ている患者で、がんで亡くなった人は一人もいない」と言う。

寿命が延びた結果、がんで死ぬ人が増えたというのもあるだろうが、戦後、急激にがんになる人の割合が増えたのは、冷蔵庫の普及と無関係ではない気がしている。

喫茶店は冷房を効かせすぎ！

身体を冷やすと言えば、冷房の効かせ方も異常だ。男性は夏でも背広を着ているからいいが、女性は元々冷え性が多いから本当に困る。最近は鉄道に弱冷房車というのもあるが、3、4両に1両程度。昔と違って、今は女性も仕事をするのが当たり前なのだから、女性の立場をもっと尊重すべきだ。これもジェンダーギャップの改善が遅れていることのいい例だろう。

それでも、在来線や地下鉄は長時間乗ることが少ないから我慢できるが、新幹線などはそうはいかない。新幹線に乗るときは必ず上に羽織るものは用意するが、それでも寒いときもある。そんなとき、私は迷わず車掌を呼んで、冷房を弱くして欲しい、とお願いしている。

そばにいた人から「私も辛かったの。よく言ってくれたわ」と感謝されることが何度もあった。グリーン車の場合は、まず膝かけを確保する。

日本人にはなんでも決まったことには逆らわないのが美徳だという思い込みがあるが、本当に辛いときは素直に主張すべきだ。お上に従うのは美徳でもなんでもない。

だいたい、電車があんなに冷蔵庫の中のようにキンキンに冷えている国は多くない。アメリカは知らないが、ヨーロッパの列車の冷房はもっと弱い。逆に途上国、特に東南アジアの冷房は尋常じゃない。元々気温が高いというのもあるのだろうが、日本の比じゃない。

ホテルもだが、一歩入った瞬間に身体が寒さで縮こまるほどだ。そう感じさせるのが、彼らにとってのサービスなのだろう。しかし、あれほど身体に悪いものはない。たしかにエアコンが一般的ではない社会では、冷房を効かせているということがサービスであり、そこにいることがステイタスなのかもしれない。だが、日本はもうそんな時代ではないだろう。

冷房がなくても涼しいように、緑で建物を囲むとか、心地よい風が流れるようにするほうがよほど贅沢で、しかも身体にもいい。もっと中庸を目指すべきだ。少なくとも先進国と言うなら、冷房の効かせすぎから日本は早く卒業すべきだろう。夏の間、軽井沢の山荘に行くのも冷房がないからだ。自然の風の何という心地よさ！　しかし若者たちは店に入ると「冷房がないんですか？」と異様に思うらしい。

自販機はいらない

夏場、自販機で冷たい飲み物しか置かないのはケシカラン、と言ったが、正直に言えば、自販機自体必要ではないと思っている。

日本は「自販機大国」と呼ばれる。普及台数は約400万台と、約464万台のアメリカに続く第2位だが、人口に対して約31人に1台の割合で設置されており、人口比率では世界一らしい。

日本では、人がほとんど通らない山や海にも自販機がある。あれで採算が合うのか不思議だが、海外でこれはまずあり得ない。不届き者が機械を破壊して商品やお金を奪ってしまうからだ。

こうしたことが起きない日本は治安がいい証拠だと自慢している人もいる。まあ、そうとも言えるが、よく考えて欲しい。そもそも誰も利用しないような場所に自販機を設置する意味はあるのか。設置すれば電気代もかかるし、売れ残りは廃棄される。エネルギーの無駄遣いだし、フードロスの観点からも問題だ。

なにより、自販機があるだけで街の美観が損なわれる。ヨーロッパのおしゃれな街には、まず自販機はない。自販機には多種類の飲み物が並んでいるから、色の統一感もないし、特に夜中、自販機の周りだけ異様に光る様は実に不気味だ。

美観はともかく、エネルギーの無駄については多くの人に賛同してもらえるはずだ。そもそも自販機がなくなって困る人などいないだろう。

都会では、どこの街にもコンビニがある。コンビニは歩いて10分だが自販機は5分で行ける、と言うかもしれないが、その差にどんな意味があるのか。

既に忘れているかもしれないが、3・11東日本大震災の直後、東京電力管内以北ではすべての清涼飲料の自販機の照明が消灯された。福島第一原発事故の影響で電力が不足したためだ。

あのとき、多くの人はこう思ったはずだ。自販機の照明などなくても困らない。むしろ、ないほうが街が薄暗くなって雰囲気が落ち着く、と。

私は、これであの醜悪な照明が街から姿を消すと嬉しくなったが、発電所の機能が回復すると、たちまち自販機の照明も復活してしまった。自販機の照明がなくなるのは、数少ない東日本大震災のプラスの面だと思ったのだが、残念でならない。あのチャンスを生かせなかったことに、後々後悔するはずだ。

私が自販機を嫌いなのは、あのケバケバしい灯りのせいだ。もっと落ち着いた照明にすれば我慢できるが、それでは目立たないから意味がないのだろう。

「修理部品がないから丸ごと買い換える」はおかしい！

自販機に限らず、私は蛍光灯の光が大嫌いだ。特に寿命が近づいて、パチパチと音をさせながら、ついたり消えたりし始めるのがいやなのだ。

日本で蛍光灯が普及したのは終戦後のことだ。当時は品質もよくないから、すぐにダメになった。つまり、すぐパチパチ点滅し始める。物資がないから仕方なかったとはいえ、そんな貧しい時代を思い起こさせるのだ。

だが、不思議なもので、あの皓々《こうこう》と光る蛍光灯がいいという人もいる。蛍光灯はアメリカから入って来たからか、あのケバケバしさが、アメリカの豊かさの象徴のように錯覚してしまったらしい。薄暗い日本は遅れていて、明るいアメリカは進んでいる。

そう誤解したのだろう。日本は元々谷崎潤一郎の『陰翳礼讃《いんえいらいさん》』など影の美しさを賞讃した国なのに。

私に言わせれば、この誤解が日本をつまらない国にしてしまった。その最たるものが、アメリカから輸入された「使い捨て文化」を盲信してしまったことだ。

もののなかった時代は新たなものを生産して、それを取り入れることで生活が豊かになった。

しかし、今は違う。既に必要なものはなんでも揃《そろ》っている。だが、新たにものを買わないと、企業は儲《もう》からない。だから、まだ使えても買い換えるように仕向け始めた。

電気製品などの部品の供給は、冷蔵庫など長いものでも10年ほどで生産を打ち切るらしい。電気製品に限らず、消耗部品というものがある。それを交換すれば本体の機能はまだまだ使えるものも、部品がないから使えなくなってしまうのだ。こんなばかなことがあるだろうか。

こうした使い捨ての文化が定着したためか、あらゆるものの修理の技術が途絶えてしまった。ヨーロッパでは、家具などは修理を繰り返しながら代々使い続けるのが普通だ。むしろ長く使い続けていることを自慢する。

家具に限らず、自動車などの修理屋も充実している。壊れても直して使えるという前提があるから、多少値段が高くてもいいものを買う。だから古くてもいいものに囲まれている。それこそほんとうの豊かさなのだ。

すぐに新しいものに買い換えることは、決して豊かではない。メーカーも、どうせすぐに買い換えるという前提でものを作るから、どうしても製品がチャチになってしまう。こんな気持ちで作られたものが、人を満足させられるはずがない。当然、すぐに飽きる。まさに悪循環だ。

修理して使い続けるという豊かさ

こうした流れは、どこかで断ち切らないといけない。消費者が長く使うようになれば、多少値段は高くても、いいものを買う。売れるものの数は減っても、きちんと利益が出る。生産する数が減るということは労働時間が短くてすむから、無駄な残業も減る。皆がハッピーではないか。

私自身、使い捨て文化を打破するため、修理できるものは、とことん修理して使っている。修理代金が、新しいものを買い換えるよりも高くつくこともある。ばかばかしいですよ、と言われることもあるが、私はそう思わない。

軽井沢の山荘で使っている家具は、すべて両親が住んでいた家で使っていたものだ。中には購入して50年以上たったものもあるだろう。ソファーの生地など擦《す》り切れてぼろぼろになったが、張り替えて使っている。

ものは無機的な存在だが、それとの関わりによって違う価値が生まれる。このソファーでいつも父親が本を読んでいたなとか、ソファーに座っている父親と喧嘩《けんか》したな、という思い出があれば、もの自体にもそれを使った人の思いが宿っていく。それを大切にしたいのだ。

ただし、昔と同じ生地に張り替える必要はない。自分好みの素材や柄のものを選ぶ。

そうすることで、父や母と一緒にいるような気持ちになりながら、私の個性も加えることができる。それが、ものとのつき合い方なのではないだろうか。

家具やインテリアとのつき合い方について、一つ提案がある。ダイニングセットでも、応接セットでもそうだが、同じシリーズの家具を一揃いで買うのはおすすめしない。セットで買えば統一感は出るが、そこにあなたの個性はない。あなたの部屋ではなくなってしまう。だから、落ち着きのない家になってしまう。

そうではなく、自分が気に入ったものを一つずつ買い揃えていくといい。椅子一脚から始めて、新たに好みに合う椅子に出あったらそれを加え、そこに合うテーブルを入れる。

時代や生産した国が違っても関係ない。自分の好みという点で統一されていれば、決してちぐはぐになることはない。むしろ唯一無二の空間が手に入るはずだ。

焦る必要もない。いい椅子が見つかるまでは床で食事をしてもいいではないか。

今はどんなことでも、すぐに答えを求めたがる。そういう気持ちだから、売り手のお仕着せで満足してしまう。

メーカーの言いなりになれば、悩まずにすむかもしれない。まとめて買えば、割安に手に入るかもしれない。でも、それになんの意味があるのか。効率性、合理性と引き換えに、どんな大切なものを捨ててしまったか。そのことをもう一度、じっくり考えて欲しい。

タクシーで見たくもないCMを見せられるのはおかしい

タクシーの前席の背もたれに液晶モニターが取りつけられるようになったのは、いつからだろう。大抵はなにかの広告が延々と流れているが、あれは実に不愉快だ。私にとってタクシーの移動時間は、ものを考える時間であり、休息の時間だ。

どちらにしても一人になりたい時間なのに、そこにあんな見たくもない広告を見せられたのではたまったものじゃない。

一度、消してくれ、と頼んだが、できないと言われてしまった。消す方法を知らないのかと思ったら、機能的に消せない仕組みになっていると言う。それでも、興味があるものが流れてくればいいのだが、それがまったくない。しかも、どのタクシーに乗っても不思議と同じ映像ばかり。この広告が出たら次はこれだな、と思うとその通り。当たっても、少しも嬉しくないが。

多くのタクシー会社はモニターで宣伝を流すことで広告料をもらって、少しでも経営を安定させようと考えたのだと思う。だが、これは賢い選択とは思えない。お客が電車ではなくタクシーに乗るのは、早く到着したいからではない。特に東京などの都会の場合、いつも渋滞しているから目的地に着くまでの所要時間は地下鉄のほうが短いくらいだ。高い料金を払って利用するのは、静かな時間が欲しいから。それを認識すべきだ。

そうした自分たちの本当の存在意義を見失っていることが、日本のサービス業を弱くしているのかもしれない。

広告と言えば、スマホの広告も腹立たしい。ニュースサイトなど、短い時間で世の中の動きをチェックするのにはとても便利だが、とにかく広告が多い。記事だと思って読んでいたら、実は広告だったというのはよくある話だし、次の記事を読もうとタップすると、広告に飛んでしまうこともある。

自分では記事を読んだだけだと思っていたのに、気づかないまま商品を買ってしまったという人もいる。支払いのために改めて決済手続きが必要な場合は、どこかの段階で「これは変だ」と気づくだろうが、普段買い物をするためにクレジットカード情報を登録しているサイトでは、なにも知らないうちに商品を発注してしまうこともないとは言えないだろう。

スマホは便利だし、年寄りも積極的に使うことを私も推奨している。しかし、そのためにはスマホを使いこなせる能力を身につけることが前提。スマホ・リテラシーと言ってもいい。

メーカーも単にスマホを売るだけではなく、高齢者向けにはもっと積極的に無料で使い方教室を開くべきだ。菅前首相は利用料金を下げさせたと自慢しているが、そんなことをするよりもスマホの使い方を教えるために、国がお金を出すほうがよほど理にかなっているのではないか。このままでは、スマホの誤操作で、大切な国民の富が失われるだけだ。

そのスマホが使えなくなると、どうなるか。

先にもＫＤＤＩの通信障害で同社が提供する電話回線が不通になって、利用者は公衆電話や固定電話を探すのに苦労した。スマホに頼りきりだと、いざというときに大変な思いをすると知った人も多いだろう。やはり適度な距離感が一番なのだ。

ネットでワクチン予約をさせる愚

ＮＴＴドコモ　モバイル社会研究所が２０２２年1月に調査したところ、日本国内でスマートフォン、ケータイの所有者のうち、スマートフォンの比率が94・０％に達したそうだ。

こうした現状を踏まえて、最近はさまざまな行政手続きもスマホでできるようになってきた。それ自体はけっこうなことだが、なんでもスマホでやるよう強制する傾向は疑問だ。

いい例が、コロナワクチンの接種予約だ。当初は国が準備したワクチンに対して、接種を希望する人のほうが多かったため、なかなか予約が取れなかった。電話など何回かけてもつながらない。ネットで予約を申し込むしかないのだが、年寄りの中にはうまく操作できないため、予約が後回しになったり、得意な人に頼んでやってもらう例も多かったはずだ。

もっと身近な例で言えば、鉄道やバスの時刻表も、かつては紙に印刷したものが駅などに常備されていた。ところが最近はコスト削減のために廃止するところが増えている。

私は毎年一定期間、軽井沢で過ごしている。電車の発着時刻をいちいち覚えることができないので、時々駅で時刻表をもらい、財布に入れていた。

つい先日も、いつも置かれている場所を探したのだが見当たらない。駅員に尋ねると「紙の時刻表は廃止しました」と言う。じゃあどうやって調べるの、と聞いたら「ネットで調べてください」と言うではないか。そんな失礼な話があるだろうか。

もちろん私は、スマホを持っている。調べる気になれば調べられる。しかし、電車の時刻を見るためにスマホで検索するのは面倒で仕方ない。紙の時刻表なら財布から取り出せば、すぐに次の電車が来る時間がわかるのに。そう感じているのは決して私だけではないはずだ。

こんな面倒を利用者にかけさせることが、本当にサービス向上なのか。もう一度考えてみて欲しい。

こうした本当に利用者が求めているサービスは効率化や合理化の名の下にどんどん切り捨てるくせに、余計なことがやたら目につく。その典型が駅のアナウンスだ。

お子様と一緒にエスカレーターに乗るときはどこに立って、どこにつかまれと言っている。余計なお世話だ。普通の大人なら誰でも知っていることを、わざわざ大音量で言う必要がどこにあるのか。あんなことを知らない人間は、言われても守るはずもない。うるさい以外になんの効用もない。

これに限らず、日本はどこも街中がうるさくて仕方ない。駅前はパチンコ屋の音がうるさいし、商店街は、肉屋や魚屋の宣伝が流れている。おかげで、本当に聞かないと困る防災無線が流れても聞こえやしない。

アナウンスしているほうも、誰も聞いていないことはわかっている。それでもやめないのは、万が一事故が起きて文句を言われても「いや、我々はきちんと注意喚起していました」と言い訳できるように予防線を張っているのではなかろうか。

そんな姑《こ》息《そく》なことを考える暇があるのなら、もっと大切なことを伝えるべきだろう。商店街なら、自転車に乗りながらスマホを見るな、とか。あれは本当に危なくて仕方ない。私も何度もぶつかりそうになった。

昔は高校生や中学生がやっているのが目についたが、最近は誰もかれもが「ながらスマホ」をしている。そんなに急いで確認しなければいけないメールがあるのだろうか。不思議で仕方ない。

高齢者の運転ミスばかり取り上げるな

高齢者による自動車の運転ミスが社会問題になっている。

2017年の道交法改正により免許の更新の際に認知機能検査が義務づけられていたが、2022年5月からは、75歳以上で一定の違反歴がある人に限ってだが、実技試験にパスしないと更新できなくなったらしい。

私自身は運転をしないが、うちのつれあいは免許も持っているし、今も自分で運転して遠出をすることも多い。私の周りには同年代の女性でも運転好きは少なくない。運転技術にはそれなりに自信を持っているが、事故を起こすかもしれないという不安は多かれ少なかれ持っているようだ。

ただ、高齢ドライバーの問題は、高齢者だけが悪いわけではない。むしろ社会全体で解決策を考えるべきだ。

都会に住んでいれば公共交通機関が発達しているから、マイカーがなくても移動に困ることは少ない。しかし、地方はそうはいかない。病院に行くにも、買い物に行くにも自動車が必要だ。むしろ、日本全体を考えれば、そうした地域のほうが多いだろう。免許を返納したら、急にボケが進んだという話も聞く。

ところがそうした事情など考えず、年寄りは運転ミスを起こして危険だから、免許を返納すべきだと言う。これは視野が狭すぎる。

国や行政も、そうした現状に対し真剣に向き合っているとは思えない。免許を返納すれば、タクシーの料金を割引しますよ、中には銀行の預金金利を優遇するという餌《えさ》で返納を促す自治体もあると聞いた。

タクシーはともかく、預金金利と自動車免許となんの関係があるのか。ばかにするのもいいかげんにして欲しい。

あとは、せいぜい困っているお年寄りがいれば、周囲の誰かが運転手になってあげましょう、という話ばかりだ。今時、どこの地方も過疎化が進んでいる。地域で一番の若手が60代というのも決して珍しくない。

今の60代は元気だから、なんとか対応できるが、そんな場当たり的なやり方では、どうにもならなくなるのは時間の問題。要は責任転嫁、義務の放棄だ。そうした小さな親切に頼って解決できる問題ではない。

一般論として高齢者は若い人に比べて反射神経は衰えている。咄嗟《とっさ》の事態への対応力は劣るだろう。実感としても、注意力が散漫になっている気がする。だが、高齢者だけがそんなに交通事故を多く起こしているかと言えば、そんなことはない。

警察庁「令和３年中の交通事故の発生状況」によると、免許所有者10万人当たりの事故件数は16〜19歳が１０４３・６件と飛びぬけて多く、次いで20〜24歳の６０５・７件。85歳以上も５２４・４件と少なくはないが、高齢者ばかりが事故を起こしているというわけではないことがわかる。

日本は全人口に占める高齢者人口の割合が増えているため、全事故に占める高齢者による事故の割合も増えている。このため年寄りばかりが事故を起こしていると勘違いしてしまうのだろう。

さらに言えば、マスコミは、高齢者が加害者で、若い世代や子供が被害者の事故を報道しがちだ。こうした事故は当然、印象に残る。それも影響しているのかもしれない。

いずれにしても、高齢者だからというだけで免許を返納せよ、と言うのは筋違いだ。本当に交通事故を減らしたいなら、高齢者だけを狙い撃ちするのではなく、むしろ若者のモラルや運転技術をさらに高めるほうが有効なはずだ。

しかし、そうした動きは出てこない。若者の免許取得のハードルを上げてしまうと、ただでさえ若者の車離れが問題になっているのに、さらに需要が細る危険性があるからだろう。結局、ここでも人の命よりも経済性が優先されているというわけだ。

また、高齢者が起こす事故を過剰にメディアで取り上げることで、「老人＝老害」というイメージをそんなに世の中に植えつけたいのか、と思うことがある。

確かに政治家や大企業の社長の中には、高齢になって判断力が鈍ってきても、権力の座に居座ろうとする人たちがいることは私も認める。

しかし、そんな人はごく一部だ。老人がみな「老害」だなんて、ゆめゆめ思わないでほしい。早世しない限り、みな「老人」になるのだから。

第二章 身体が不自由なときは、頭を使う

高齢者にとって腹痛は辛いよ

コロナは私たちの生活を大きく変えた。若い人たちにとっては、人が集まるイベントが中止になったことが一番辛かったかもしれないが、私たち高齢者にとって深刻だったのは、医療との関わりだ。とかく高齢者は身体に不具合が起きやすいのだが、以前と違って気軽に医療施設にアクセスできなくなった。

2021年の暮れのこと。夜中につれあいが腹痛を訴えて、苦しんだことがあった。かなりのたうち回っている。普通なら、すぐに救急車を呼ぶところだが、コロナ患者の対応で忙しいのだろうと想像すると、どうしてもためらってしまう。

翌朝、かかりつけのクリニックで診てもらい、念のため地域の大規模病院にも紹介状を書いてもらい、診察を受けた。

医者の見立てでは消化器系の問題らしく、胃腸薬を処方してもらったのだが、痛みが治まらず、その後数日間は自宅で痛みに耐えながらじっとしていた。

痛みというのは、とにかく厄介《やっかい》だ。なにもする気が起きなくなってしまう。私の人生を振り返って、一番の痛みは3年ほど前に尿道に結石ができたときだ。尿と一緒に流れ出るのを待ちましょうと、水分をとらされた。

クリニックで点滴を受けたところ、少し痛みが治まった。おそらく痛み止めも入っていたのだろう。水分補給の効果もあり、翌日には嘘《うそ》のように痛みが消えたが、あのときの辛さは今も鮮明に覚えている。

尿道結石は予防のしようがないようだが、あの一件以来、痛みを伴う病気にならないよう、常に心がけている。具体的には食べすぎ、飲みすぎに特に注意している。

だが、根っからの食いしん坊のため、おいしい料理が目の前に並ぶと、つい食べすぎてしまう。

つい先日も、たいそうおいしいお寿司に出あってしまい、調子に乗ってしまった。食べている最中から、これは注意しないと食べすぎてしまうという予感はあった。だからセーブしたつもりだったのだが、それでも許容量を超えてしまったらしい。

案の定、翌日は一日中、お腹の痛みと闘う羽目になってしまった。

若い頃なら薬を飲めば、痛みも治まるし、すぐに元の状態に戻るのだが、年を取るとそうはいかない。回復までにとにかく時間がかかってしまう。印象としては倍の時間がかかるようにさえ思える。

せめて少しくらい食べすぎても大丈夫なように、コンディションだけは万全に保つことを心がけている。自宅の近所にあるスポーツジムにはもう20年近く通っているだろうか。今も週に一、二回通っている。

ただし、ここでも無理は禁物。高齢者で重いバーベルを持ち上げている人もいるが、あれはどうなのだろう。

以前、力を入れすぎて大切な歯を折ってしまい、以来堅いものが食べられなくなり、それが原因で体調を崩してしまったという人の話も聞いたことがある。

だから、私はジムに行ってもお風呂に入って、たまにストレッチをする程度にとどめている。あと、マッサージも時々やってもらう。このジムではお湯で温めた石をお腹の上に置くという独自の健康法を実践しているので、これもたまにやってもらうのだが、実に気持ちがいい。

ちょっと話が逸《そ》れるが、このジムの気に入っているところは、顧客を大切にする姿勢が徹底していることだ。すべてのスタッフが会員の名前をきちんと覚えている。担当する会員の名前くらいはどこでも把握しているだろうが、そこは全従業員が会員の顔と名前が一致するよう教育している。通りかかったスタッフになにか尋ねても「はい、下重さん、それは……」と答えてくれる。実に気持ちがいい。

それでいて、料金が高額かと言えば、決してそうでもない。そこもまた、ありがたい。スーパーや小売店、レストランも入居するビルの中にあるので便利で、信用もできる。ここを知ってしまったおかげで、もう他には移れない。

腹痛患者のお腹すら触らない医者

つれあいの腹痛騒ぎで、これもコロナで変わったことだと感じたことがある。それは、医者が患者と必要以上に接触しないようになったことだ。

最初に行ったクリニックの医者は胃腸が専門だが、つれあいのお腹に直接触ってもくれなかった。その医者は自身も高齢だから、万が一コロナに感染しては困ると思ったのだろうが、こちらとしては少しくらい触診してくれるほうが、安心だ。痛みの原因だって、わかっていないのだから。

一晩中痛みでのたうち回っていたことも伝えているのに、「じゃあ検査をしてみましょう」となり、結果を見ながら説明するだけだ。

かつて医者は、今と違って患者とよく喋《しゃべ》ったものだ。会話の中から、生活の変化を嗅ぎ取り、そこから病気になった原因を探り出していたのだろう。

ところが今時の医者は、世間話など一切しない。これではかかりつけ医の意味がないのではないか、と思う。

だが、これに関しては患者の側にも責任の一端があるらしい。最近はＳＮＳなどで、すぐに医者のことを世間に報告する輩《やから》がいる。医者としては軽いジョークのつもりで言った言葉を「あそこの医者はこんな不謹慎なことを言った」などと書かれてはたまったものではない。そこで、検査など客観的な事実に基づく判断以外のことは言わなくなってしまうらしい。

私は健康維持のために週に一回スポーツジムに通っていると述べたが、これと並行して鍼灸院にも長年通っている。そこの女医先生は患者の身体をよく触る。肩が痛いと言っているだけなのに、全身を触る。

先生によると、痛みが出るのは一部でも、その原因は痛みの出ている場所にあるとは限らない、それを発見するには全身を触らないとわからないと言うのだ。

対症療法が基本の西洋医学にはない東洋医学の発想だが、丹念に体中を触って診てもらうだけでも安心だし、気持ちが落ち着く。それだけで痛みが薄れたように感じるほどだ。これこそ「手当て」なのである。

これは年寄りに限らず、すべての人に共通だ。好きな人に手を握ってもらうだけでも、愛を感じて気持ちが安らぐ。こうした機会がコロナの影響で減ることは、実に残念なことだ。

高齢者は痛みに鈍感なわけじゃない

人間には痛みに強い人と、そうではない人がいる。

私は痛みにとても弱い。痛いことは大嫌いだ。

ところがうちのつれあいは私と反対で、痛みに強い。ある意味、鈍感なのだろう。具合が悪くなること自体少ないし、前述の腹痛では「痛い」と言いながらも、しっかり眠っていた。のんきなものだ。

私はずっと偏頭痛持ちで苦労してきたが、つれあいときたら「頭痛ってどういう感じなの？」と聞いてくる。やはり痛みに対して鈍いのだ。

肩がガチガチに凝っているのに、自覚症状がない人もいる。自覚症状がなければ、

私たちの身体や健康についても、いきすぎと思えることばかりだ。清潔な暮らしを求めすぎたため、異常とも言える潔癖症が登場し、その結果として、ちょっとした雑菌にも過敏に反応してしまうようになっている。

かつての日本は、西洋先進国に比べると衛生に対する意識が低かった。ある程度は清潔な生活を意識することは必要だっただろう。だが気がつくと、後戻りできない状態になっている。

その典型が温水洗浄便座だろう。今では家庭内はもちろん、公共のトイレにも設置されている。若い人からは温水洗浄便座がないトイレは使いたくない、という声も聞く。だが、これは欧米では一流ホテルでも、ほとんど見かけない。

温水洗浄便座の使いすぎにはさまざまな弊害があることは、今では医学界の常識になっている。肛門の粘膜やその周囲の皮膚を傷つけてしまい、そのため生体のバリアとしての機能が衰え、炎症や感染を悪化させるという。

私がお世話になっている中国人の鍼灸医によると、「日本人は清潔を追い求めすぎて、必要な菌まで殺してしまっている」そうだ。特に子供はある程度菌と接触することで身体に免疫力を身につけるのだが、今は外から帰ったら手洗いうがいが当たり前、隅々まで消毒液できれいにしている。

もちろん泥だらけで帰ったときに手を洗うのは必要だが、外出もしていないのに食事の度ごとに石鹸《せっけん》でゴシゴシ洗う必要があるとは思えない。

我々が子供の頃は、石鹸も高価だったから、今ほど頻繁には使えなかった。たぶん、身体の中にはさまざまな雑菌も入っていただろう。だが、それで抵抗力が身につき、多少悪い菌が入って来ても、それに対抗することができた。

最近は年寄りまでこうした世の中の風潮に流されて、不潔を極度に嫌うようになっている。年寄りは汗もかかないのだから、毎日石鹸とシャンプーで洗う必要はない。

作家の五木寛之さんはあまり頭を洗わないことで知られているが、それで困ることはなにもないと聞く。むしろシャンプーが必要な油分まで洗い流すことがないため、頭皮のコンディションが適正に保たれている。現在、90歳の五木さんの髪があんなにフサフサなのは、そのおかげなのではないだろうか。

　髪の毛のためには、毛穴に油分が溜まりすぎるのはよくないのも事実のようだが、カスカスになるほど洗い流すのもまた、よくない。これもまた中庸が一番ということだ。

年寄りがサプリにハマる巧妙な仕掛け

　清潔を心がけることも悪くないし、健康を維持するための努力も必要だ。私も、どんなに忙しくても雨の日以外は必ず15分から30分はウォーキングすることを日課にしている。

　だが、いわゆるサプリメントの類いはほとんど飲まない。理由は単純。役に立たないと思っているからだ。医者が処方する薬と違い、市販のサプリに入っている薬効成分はごく微量だ。微量だから医者の処方が不要なのだが、そんなわずかな効能しかないものを飲んでも、目的が達成されるとは思えない。

薬にならない代わり毒にもならないか、と言えばそうでもない。飲み合わせによっては、必要な薬の効果を弱めてしまう。クロレラ含有食品や青汁などは、ビタミンKを多く含んでいるため、血液凝固防止剤ワルファリンの作用を阻害するというし、カルシウムのサプリを常用すると、骨粗鬆症《こつそしょうしょう》薬の服用者に逆効果をもたらす危険性があるそうだ。

医者から処方された薬の効き目に疑問を感じたときは、常用しているサプリとの飲み合わせについて相談したほうがいい。

ところが今、多くの年寄りはサプリを日常的に飲んでいる。中にはサプリだけで10種類以上飲んでいる人も珍しくないらしい。サプリだけでお腹がいっぱいで、食欲がないとぼやいている人もいた。ブラックジョークの世界だ。

大量のサプリを服用している人に、なぜそんなに飲むのか尋ねてみた。すると彼はこう言った。

「だってテレビを見ているとサプリのコマーシャルが流れているじゃないか。そこに登場する人が言っている症状が、みんな自分に当てはまるんだ。それで試してみようと思って電話したんだ」

「それで症状は改善したかって？　ううん微妙だけど、飲むのをやめるともっと悪くなりそうで」

たぶん、多くの人はこんな感じだろう。いい年をした大人がコマーシャルを鵜《う》呑《の》みにするとは。しかも、見ず知らずの他人の宣伝用の言葉を信じて、サプリとは言え、薬を飲む気持ちが私には理解できない。

専門外の医者が病気を見つけることもある

こうしていざというときに必要な薬が効かなくなると困ることも考えて、私はサプリを一切飲んでいない。医者に処方された薬はいくつか飲んでいるが、それも最小限にとどめている。今、常用しているのは、よく眠れるようにするための精神安定剤と、血圧を下げるための降圧剤だけだ。

血圧の薬については ちょっと面白い話がある。私は元々極度の偏頭痛持ちだった。たまたま訪ねた歯医者にそのことを言うと、その医者は私の手や顔をじっと見て「血圧が高いせいかもしれませんよ。調べてみるといいかもしれません」と言う。

私はどちらかと言えば痩せていて、血圧は決して高いほうではなかった。しかし、偏頭痛が治る可能性があるなら、と医者のすすめに従い、一日中入院して血圧を測ることにした。

50歳をすぎた直後の、クリスマスの日である。入院した病院がキリスト教系のため、子供たちが病室で賛美歌を歌ってくれたのを今も覚えている。

数時間おきに血圧を測り続けたところ、意外な結果が出た。ある時間だけ、急に血圧が高くなっていたのだ。

思い返すと、その時間帯は偏頭痛が起きる時間とも重なっているではないか。そして最小限の降圧剤を飲み始めたところ、偏頭痛は嘘のようにピタリと治ってしまった。

おかげで偏頭痛の度に飲んでいた強い頭痛薬のために眠くなることもなくなり、仕事の効率も格段に上がった。私にとって、この歯医者は命の恩人とも言える。

医者を選び間違えると、命取りになる

先ほどの例でもわかるように、薬とうまくつき合うためには、医者とのつき合いも重要だ。とんでもない目に遭《あ》う危険もある。かく言う私もつい先日、それを地で行く体験をした。

私は毎年、夏を軽井沢で過ごすのだが、その年は雨が多く、憂鬱な気持ちで過ごしていた。せっかく軽井沢に来たのに外出もできず、夜もよく眠れない。

そのためか、目の具合が悪くなってきた。なんとなく、目の周りが熱を持っている感じだ。小児科が専門で、眼科も診るクリニックに相談したところ、3種類の点眼薬を出してくれた。

弱い薬から順番に試すように言われたため、まず一番弱いものをさした。涙と変わらない成分らしく、なんの変化もない。そこで、次に弱い薬を試した途端、気分が悪

くなって、全身が硬直したかのようになってしまった。

こんな体験は生まれて初めてだ。その日は取材を受ける予定があったため、フラフラになりながらも仕事をこなしたが、いい答えが返せず、申し訳なく思っている。

翌日、再度その医者を訪ねたところ、薬の副作用を抑える薬を出しましょうと言ってきた。処方された薬でおかしくなったのに、原因も解明されぬまま、なぜまた薬を使い続けなければいけないのか。冗談ではない。

ただ、そこで喧嘩をするのも大人気ない。処方してもらった薬をもらって帰ったが、飲まずにほうっておいた。当然、症状は改善しない。湿布を目の上にのせて冷やしたりしたが、それでも具合が悪くて眠れない。

そんなとき、知人が目の具合が悪いときは水で洗うのが一番と言っていたのを思い出した。試しにやってみると、なんと不思議なことに、すっと症状が消えたのである。こんなことなら、最初から病院など行かずに水で洗えばよかったと思ったが、あの一件以来、知らないクリニックに行くのが怖くなってしまった。

ヘルパーの善意に甘えるな

私のＮＨＫ文化センターのエッセー教室に介護の仕事に長く携わっている人が通っている。その人から聞いた話によると、介護の現場はとにかく過酷だと言う。

なによりヘルパーのなり手がいないらしい。現状でも人手不足で、これからますます高齢化が進み、介護が必要な人がさらに増えるのに、そのときにどう対応できるのか。考えただけで暗い気持ちになると言っていた。

保育の現場も介護同様に人手不足が長年叫ばれているが、保育のほうには比較的新しい人材がやってくる。大変な仕事なのはどちらも同じだが、それでも「保育士になりたい」という夢を持つ若い人がそれなりにいる。

理由は明白だ。子供の面倒を見るのは、肉体的には大変だが、そこには希望がある。子供の成長を見るのは、自分の子供でなくても楽しいもの。ここを巣立って大きくなる姿を想像するだけで元気が出る。だから多少、給料がよくなかったとしても、なり手がいる。

それに対し、介護の現場には希望がない。介護の現場を卒業するということは、命が終わるということ。そこには明るい未来はない。別れは常に悲しみだ。それを知ったうえで他人の面倒を見るのは、よほどの使命感がなければ続かない。続けてもらうためには、ある程度の経済的な報酬を支払うべきだろう。

実際、多くの先進国では介護の現場で働く人たちには、それに見合う高額の報酬が与えられている。ところが日本は、まったく仕事の大変さと報酬が釣り合っていない。これでは人が集まらないのは当然だ。

あるベテランのヘルパーの方が、国を相手に訴訟を起こしているという話も聞いた。ヘルパー歴30年以上のキャリアで、訪問介護を中心に仕事をしているのだが、朝から晩まで働いても食べていくのがやっとだと言う。

介護職の給与は介護保険制度があるため、国が基準を決めているが、その計算は何件の現場をこなしたかで決まる。移動の時間は給料に反映されないため、時給換算すると給料がものすごく下がってしまうそうだ。民間のアパートにも住めず、公団住宅に暮らしている。こうした現状をなんとかして欲しい、というのが彼女の主張だ。これは、実にもっともな意見だと私も思う。

要するに今の日本における介護の現場は、一部の奇特な方の善意に頼ることで、なんとか成り立っている。もちろん、仕事はお金を稼ぐためだけにするものではない。そこには精神的な満足感という、お金に代えられない価値もある。

しかし、介護はそれだけでできるほど甘いものではない。まして、国がそうした善意に甘えて、仕事の大変さを度外視した報酬制度を放置していいわけがない。これでは、早晩破綻するのは火を見るよりも明らかだ。

逆に言えば、適正な報酬を提示すれば、介護の現場にも優秀な人材が集まってくるし、そうした人がいてくれれば、かなり充実した老後の生活を送ることができる。それは在宅介護でも同様だ。

私が暮らしているマンションの同じフロアにも、介護が必要な夫婦が暮らしている。

元々は有名料亭に勤めていた方で、経済的には比較的裕福だと思うが、かなり頻繁に介護サービスの業者が訪れて、面倒を見てもらっているようだ。

もちろん、自宅にもお風呂はあるが、そんなに広いわけではないため、車で介護用のお風呂を運び込んで、身体を洗ってもらっている。食事も業者が準備してくれるし、訪れた際にベッドやトイレの世話もしている。

それだけ手厚い介護を受けるためには、かなり高額の料金を払わないといけないのだろうが、それは仕方ないこと。

私は今のところはすべてのことを自分でできているが、いずれは誰かの世話にならないといけないときがくる。つれあいもいるが、老老介護はもっとたいへんだ。施設に入るという選択肢もあるが、これも大勢で暮らすのが苦手な私には無理だ。

だとすれば、専門家の助けを借りて在宅で暮らすことになるのだが、そのために必要なお金を準備しなければいけない。仕事の依頼がある限り、そのためにもまだまだ働かなければならない。

「子供が親の介護をするのは当然」ではない

介護の話になると、「昔は家族が面倒を見るものだった。他人に任せようとするのがおかしい」という意見を言う人が必ずいる。

事実、社会的に責任のある仕事をしている人が、親の介護のために仕事を辞めるケースは今も多い。私のエッセー教室をやめる人にもそうしたケースは少なくない。しかも、それはほぼすべてが女性だ。

介護のために職場を離れなければいけないし、自分の時間もまったく持てない。それでやめていく。Mさんは、文章も達者で私も期待していたのだが、親の介護のためにご主人とも別居して、実家のある島根に帰ってしまった。

相談を受けたとき、施設に入ってもらうとか、訪問介護で対応できないのかと尋ねたが、親が彼女でなければいやだと言っているから仕方ないのだそうだ。

直接話を聞いたわけではないが、彼女に面倒を見てもらいたいというよりも、親の面倒は子供が見るものだ、という固定観念があるのではないだろうか。あとは、自分が誰かの助けを借りないと生活できない姿を、他人に見せるのが恥ずかしいという気持ちもあるだろう。特に男性はそういうことを言う人が少なくない。

だが、これは紛れもなく親のわがままだ。そんなわがままのために、子供の人生を犠牲にしていいはずがない。

こうした不幸を解消するためにも、介護の仕事のなり手を増やす必要があるし、そのためには待遇改善。それがなにより先に手をつけるべきことだ。

それと同時に、介護を受ける側の意識も変える必要がある。家族に見てもらいたいという気持ちもわかるし、それができれば理想的だが、今の時代、そんなことは簡単にできるものではない。

特に子供が既に親元を離れて独立している場合、そちらでの生活を捨てさせることになってしまう。それは、たとえ親でも求めるべきではない。

ただ、子供の世話になっている人の中には、かつては子供に面倒をかけたくないと考えていた人もいるはずだ。しかし、いざその立場になると、子供に頼ってしまう。年を取ると、それだけで心細くなってしまうし、判断力も鈍ってくるのだろう。配偶者に先立たれるとなおさら淋しくなって、つい子供をそばに呼び戻したくなるのだろう。

しかし、それは決して格好いいものではない。人生の最後で格好悪い年寄りにならないためにも、若いときから孤独に慣れ、孤独を愛せるようにしておくことは大切だ。

親は子供から与えられた喜びを思い出すべし

親が子供の面倒を見るべきだという思想には、「育ててやったのだから」という考えもあるようだ。要は育ててもらった恩を介護で返せ、というわけだ。

しかし、それもおかしい。子供が小さいとき、親は多くの喜びを味わわせてもらったはず。初めて自分のことを呼んでくれたとき、初めて立ち上がったとき、可愛くて仕方なかったはずだ。既にいい思いをさせてもらったのだから、それで十分元は取っているのではないだろうか。

桐島洋子さんはかつて雑誌に「子供に遠慮などする必要はない。堂々と面倒を見てもらうべきだ」という主旨のことを書いていたと思う。

私は彼女が女手一つで3人の子供を育てる姿を見てきた。それは並大抵のことではないのはわかるが、その分楽しみもあったに違いない。

むしろ、ある一定の年齢まで育てたら、子供は社会にお返しする、と考えたほうがいい。「子供は社会の宝」と言われるように、親が独占すべきものではない。たまたま自分のお腹を提供して授かったにすぎない。一時的に社会からお借りして、楽しませていただくけれど、それが終わったら社会に返却し、社会の財産として活躍してもらう。そういう存在なのだ。

ところが日本では子供は親のものであり、子供は親が一生責任を持つと考えるから、親は子離れできないし、子供が自立するチャンスを奪ってしまう。そんな育て方をしておいて、自分が年を取ったら面倒を見ろと言うのは、やはり虫がよすぎると私は思う。

子供に自分の介護をして欲しいと考える理由として、子供は自分のことをなんでも知っている。だから、いちいち説明しなくてもかゆいところに手が届く。ところが、業者だとあれをして欲しい、これは必要ないと説明しなくてはいけない。これが面倒臭いというのもあるらしい。しかし、それこそ大きな勘違いだ。

１０３歳で亡くなった母親の面倒を最後まで見ていた女性から、こんな話を聞いた。彼女は首都圏の市役所で秘書課の要職を務めるほどバリバリ働いていたため、毎日母親の面倒は見られないが、定期的に母親を訪ねることを自分の義務にしていた。真面目な人なのだ。母を見舞うときは必ずおいしいものをお土産に持っていく。

母親はあっさりしたものが好物だから、高級なヒラメのお寿司を持っていったりしていた。ところがある日、母親が不機嫌そうな顔をするから、理由を尋ねると、予想もしない言葉が返ってきた。

「私、こんなものは好きじゃない。あなたずっと一緒にいたのに知らなかったの？

私はお肉や鰻《うなぎ》のようなこってりしたものが好物なのよ」

彼女の頭の中にある母親は、あっさりしたものが好きなはずだったのだが、それは思い込みにすぎなかった。もしかすると母親は年を取って好みが変わったのかもしれないが、所詮《しょせん》そんなものなのだ。娘からすれば今までの努力はなんだったの？　と思うし、母親は母親で、この子は私の好みも知らない親不孝な子と思ってしまう。これほどお互いにとって不幸なことはない。

子供に任せたほうがいい介護が受けられるというのも、幻想にすぎない。餅《もち》は餅屋、介護は介護の専門家に任せるのが、最終的には一番いいと思う。

もちろん、子供が進んで親の介護をしたいと言うなら、任せればいい。だが、親の面倒は子供が見るのが当たり前、子供の務めだ、という考えだけは一刻も早く捨てるべきだ。

高齢者施設でも自己表現できる

介護が必要になったとき、在宅介護にするか、それとも介護施設に入るかの二者択一を迫られる。私は施設ではなく、在宅で最期を迎えたい派だ。知らない人と大勢で一緒に暮らすのが好きではないというのもあるが、なによりいやなのは、好きなことができないことだ。

施設の実情を知るまでは「ご飯は自分で準備しなくても食べさせてくれるから、あとは好きなことをやっていればいいだろう。だったら施設も悪くない」と思っていた。

しかし、つれあいの母親が施設に入り、何度も顔を見に訪ねるうちに気持ちが変わった。とてもじゃないが、あれは自分には無理だ。皆と一緒に同じ時間に歌を歌い、お遊戯のようなことをするのが、私には耐えられない。

私は歌も好きだし、ダンスも好きだが、それは自発的にやるという前提がある場合で、強制されるのは話が別。絶対に耐えられない。

義母がいた施設で唯一いいなと思ったのが、俳句だった。句会を定期的に開いて、年寄りが作った作品を壁に貼り出していたのを見て、楽しかった。なぜかと言うと、俳句は創作であり、自己表現だからだ。

私は、生きることの目的は自己表現だと思っている。死ぬまでなにかを表現したい。それも、自分の意思で表現したい。強制されてやることは、表現であっても、自己表現とは別物だ。多くの高齢者施設では、そんな私の希望が叶えられそうもない。だから、いやなのだ。

私はこれからの高齢者施設は、個人の希望や欲求を前提にした表現の場を提供することが不可欠だと考えている。

高齢者施設に入る人は、例外なく年寄りだ。長い人生でさまざまな経験を積んでいる。得意なものも持っている。それを施設で生かせるようにするのはどうだろう。

例えばマッサージの資格を持っている人などは、きっと施設の中でもそれを生かして、みんなに施術してあげたいと思っているはずだ。

しかし、それを認めている例は多くない。仮にマッサージを受けた人にトラブルが起こりでもしたら困るからだ。当然、料金をもらうなど、言語道断だ。

もちろん高齢者施設にいる人の多くは身体も弱って、昔と同じようにはできないだろう。それでも、自分がこれまで培ってきた技術が少しでも生かせれば、嬉しいのは間違いない。人に必要とされることほど、生きていて嬉しいことはないからだ。

私自身、こうして文章を書かせていただいているということは、少なからずその文章を必要とされているということで、そんなありがたいことはないし、仮に必要とされなくなったとしても、死ぬまでなにかの形で自己表現は続けていくつもりだ。そうでなければ、それこそ私にとっては生きている意味がない。

極端に言えば、身体の機能が衰えて、寝たきりの状態になっても、人は自己表現ができると私は考えている。

元医療法人徳洲会理事長で、衆議院議員も務めた徳田虎雄さんがいい例だ。彼は、筋萎縮性側索硬化症（ＡＬＳ）を発病し、身体はまったく動かすことができない。

私は一度お見舞いに行ったが、目の動きをおつきの人が読み取り、言葉にすることで、ちゃんとコミュニケーションできている。そうした彼をサポートする人がいるからできているわけだが、自己表現を続け、著作活動も続けていた。

私自身もそんな人生でありたいと願っているし、すべての人がそうあるべきだと思う。できるかできないかはともかく、そうありたいと願う気持ちがあるなら、それを生かせる環境を整えることが、これからの高齢者施設にも求められるのではないだろうか。

それは、なにも文章や芸術的な創作である必要はない。花が好きな人なら、施設の庭に花壇を作り、好きな花を植えるだけでもいい。毎日水をやり、花が咲くのを見れば気持ちが前向きになるし、その花を見て綺麗だと感じてくれる人がいれば、それは自分が必要とされているということだ。

今の時代はパソコンやスマホという便利な道具もある。これを使えば、足が不自由になって歩けなくなっても、世界に向かって自分の意見を発信することも可能だ。だから、高齢者施設でこそ、パソコンとスマホを教えるべきだと思うのだが、そんな話はあまり聞かない。最初から年寄りには無理だと決めつけているのか、教えるのが面倒臭いと思っているのだろう。

それで、結局はみんなで一緒にお遊戯をやらせて、歌を歌わせる。それもこれも、すべては施設側が管理しやすいからだ。

しかし、そんなことをやらされて喜んでいる年寄りなど、決して多くない。少なくとも私は自分があの立場になれば、楽しいどころか苦痛以外のなにものでもない。

施設側の人だって、実はそれがいいとは思っていないのではないか。一刻も早く、そうした誰のためにもならない高齢者施設のあり方を変えることだ。

もちろん、手間は増える。人件費もかさむかもしれないが、すべての高齢者に自己表現のチャンスを与えることで、生き生きとした日々が送れれば、穏やかな気持ちになり、健康状態も改善する可能性がある。

その結果として医療費も削減できるはずだ。目先の損得ではなく、トータルで評価する。そうした発想が求められていると思う。

デイサービスは介護する家族の息抜きが目的

介護が必要になっても、老人ホームのような施設に入るつもりはない。そのことは本書でも何度も述べてきた。訪問介護の専門家に助けてもらいながら、最後まで自宅で過ごすつもりだ。

今はつれあいと二人で暮らしているが、つれあいが先にいなくなれば、私は自宅で一人暮らしになる。それは淋しくないか、と心配してくれる人もいるが、それに関してはまったく気にしていない。

そもそも介護が必要になろうが元気だろうが、つれあいが先立てば一人になることに変わりはないし、いろいろなところで言っているように、子供の頃に病気のために一人で過ごす時間が長かったおかげで、一人に慣れている。もっと言えば、一人でいることの喜びを知ってしまった。

おかげで、一人遊びも得意で、逆に大勢でいると、喋る内容も相手に合わせて考えなければいけないから気を遣う。一人でいるほうがよほど気楽でいい。だから、介護が必要になって、一日中部屋で過ごすようになっても、退屈することも淋しくなることもあまりない自信がある。

在宅介護と施設介護の中間的存在として、デイサービスというものもある。業者が朝などに迎えに来て、施設で一定時間を過ごし、夕方また自宅に送り届けてくれるというものだ。施設では皆で歌を歌ったり工作をしたり、リハビリをしてくれるところもあると聞く。高齢者施設でやっていることを、通いでやるイメージだ。

気分転換になるかもしれないが、これも私は利用する気はない。

そもそもこうしたサービスは、介護を受ける老人ではなく、普段介護をしている家族のためのものだろう。

一年365日年寄りの世話をしていると気が滅入るし、自分の時間がまったく持てない。週に何日か、日中だけでも解放してあげないと、それこそ介護する側が病気になってしまう。そのための仕組みだというのが私の理解だ。

デイサービスに通っている年寄りも、毎日面倒をかけることに気が引けるから、仕方なく行っているという人も少なくないと、以前テレビで見たことがある。

自宅では入れないお風呂に入れてもらえるなどの理由で、デイサービスを楽しみにしていると言っていた人もいたが、これはむしろ少数派ではないだろうか。

女性は大勢でお喋りするのが好きな人も多いから、デイサービスを積極的に楽しんでいる人もいるかもしれない。ただ、施設と違って、デイサービスは毎回同じ人が集まるとは限らない。知らない人とはなかなか打ち解けられないという男性には、かなりの苦痛だと思う。

私はむしろ、そのタイプだ。お喋りそのものは嫌いではないが、誰とでも、というわけにはいかない。

最近は、初対面の人と仕事をすることも増えたおかげで、昔に比べれば誰とでも話せるようになったが、よほど周波数が合う人でないと、気を遣ってしまい、用が終わった後はぐったりしてしまう。

幸か不幸か、私は介護をしてくれる身内がいない。正確に言えば、つれあいはいるが、彼に面倒を見てもらうつもりはさらさらない。気分転換をしてもらう必要は今のところないから、デイサービスを利用することはないだろうと願っている。

老人が皆、集団行動を好むわけではない

これはデイサービスに限らず施設型にも共通だが、私は全員でなにかを一緒に、しかも強制的にやらされることに馴染めない。これは学生時代から一貫しているのだが、管理されることがどうにも苦手なのだ。

翻訳家の村井理子さんの義父がデイサービスをキャンセルし続けるので、理由を尋ねたところ、「デイサービスがあると考えると、前の晩から嫌でたまらなくなる。行きたくないんや」と答えたとウェブマガジンに書いていた。私もまったく同感だ。

もちろん、業者もこの分野の専門家だから、年寄りの気持ちを考えて、うまく乗せてくれるのだと思う。それはわかるが、それでもいやだ。下重暁子としてではなく、

ただのおばあちゃんとして扱われることになる。それが我慢できない。

別に多少、世間で知られているから特別扱いしてくれと言っているわけではない。総称としての「おばあちゃん」ではなく、あくまで私は私、下重暁子という個人でいたい。わがままと言われても、それだけは絶対に譲るわけにはいかない。

政府は場当たり的対応をやめるべき

他にも介護には、改善すべき問題が多い。それは事実だが、性急に答えを出せる問題ではないし、出すべきではないと思う。長い時間をかけて最適な答えを導き出すべきだ。

スウェーデンなど北欧は、我々から見ると羨ましい介護環境が整っている。しかし、それは一朝一夕にでき上がったものではない。長い時間をかけて、試行錯誤の結果、たどり着いたものだ。

日本もそうすべきだったのだが、急速に高齢化が進んだため、受け入れる態勢が整わなかったという意見もあるが、それは間違いだ。

　少子高齢化が進むことは、1980年代には十分予想されていた。むしろバブルで日本が豊かになったとき、将来の高齢化社会のために投資していれば、さぞや立派な施設が全国にできていたはずだ。

　ところが、リゾートや海外の不動産を買いあさることにつぎ込んでしまった。今になって慌てて、高齢者が予想外に増えすぎた、介護の体制が間に合わないと言っても、もう遅い。予算としてはそれなりの金額をつけているのかもしれないが、必要なところに必要な金額が届いているようには到底見えない。

　介護の現場で働いている人たちは、安い給料で、日々心と身体をすり減らしながら働いている。それがまったくわかっていない。

　ただ、こうした場当たり的な対応は、介護に限ったことではない。それは今回のコロナへの対応を見ても明らかだ。

　右往左往するばかりで、戦略というものがまるで見えない。結局は国民に不自由な生活を押しつけるだけ。おかげで外食もできないし、旅行にも行けなかった。それでいて、多少感染者数が落ち着いてくると、いかにも自分たちの手柄のように振る舞うのが、見ていて恥ずかしくなってしまう。社会行動の制限を伴わないウィズコロナも、結局爆発的な感染を引き起こしてしまった。

これは、何事もすぐに答えを出そうとするところに問題があるのではないか。大企業の経営者や国の政策を構築する官僚は、総じて優秀な大学出だ。いわゆる偏差値エリートと言ってもいい。

彼らは正解がある試験で、誰よりも早く答えを導き出すのには長《た》けているが、答えがない難問にぶつかると、途端に無力になってしまう。

しかも、自分に能力がないことが露呈するのを恐れて、自分の持っている知識の中で最も答えに近いものを正解だと言い張る。

しかし、どんなに正解に近くても、正解ではないから、いつも最後は失敗に終わってしまう。

では、どうすればいいのか。答えはシンプルだ。相手の身になる。介護で言えば、年寄りがどんな気持ちで、なにを求めているか。介護の現場で働いている人が、どうすれば気持ちよく働くことができるのか。そうした生の声に耳を傾ければ、自ずと答えは見つかるだろう。

そのためには、日常的にさまざまな年齢や階層の人と接することが欠かせない。ところが、今の時代、年寄り、大人、子供と、それぞれが自分の世界に閉じこもり、別の世界の人と接することをしない社会になっている。まずは、そこから見直す。遠回りでも、そこから手をつけないと、いつまでたっても幸せな老後を送れる社会など訪れない。

「延命治療はすべきではない」に異議あり！

高齢者が増えたことで、増大する医療費負担をなんとか抑制する方法として、尊厳死を認めてはどうか、という議論がある。つまり、病気や老衰で脳死状態になっている場合、延命のためだけの措置は合法的に中止することを認めてはどうか、ということだ。

経済性を考えれば、合理的な方法かもしれないが、簡単に結論を出していい問題ではない。「死」について人間が決めるということは、人間とはなにかという問題でもある。

もちろん、本人が自分の状況を理解して、こんな苦痛は我慢できない、もう延命はやめてくれ、と意思表示ができるのなら、いいだろう。しかし、脳死状態になってからでは、自分で意思を伝えることはできない。

仮に法律的に認められるようになっても、家族としては「もう延命治療はやめてください」と簡単に言えるものではない。

そこで、頭がしっかりしている間にエンディングノートなどに、「回復の見込みがない状態と判断したら延命治療は不要」「救急車は呼ぶな」と書いている人もいると聞く。

たしかに、それがあれば、家族も安心だろう。私もかつてはそう思っていたが、あるときから考えが変わった。

事故で大けがを負い、一度は心臓が止まったものの、奇跡的に蘇った経験のある人に話を聞く機会があったのだが、その人によると、ずっと感覚はあり、周りの人たちの会話も聞こえていたと言うのである。

以前、意識のない友人を見舞ったとき、私が手を握ると、かすかに手を握り返されたことがある。私がお見舞いに来ていることをわかっていたのだと思う。

まさに今も私の知り合いに、そんな状態になっている人がいる。とても社交的な人で友だちも多い人なのだが、家族がそんな姿を見せたくないらしく、お見舞いにも行かせてくれない。もし、今も意識がはっきりしているとすれば、とても悲しい気持ちなのではないか。想像すると、こちらも泣けてしまう。

はたして意識が戻らないから死んだと見なして、延命をやめるべきなのか――。友人を見舞って以来、息をしている間は殺さないで欲しいと思うようになった。

死が迫ってきたとき、考えが変わることがある

意識がなく、ただ生きているだけという状況になった姿を見るのは家族としても辛いかもしれない。特に食べるのが大好きだった人などは、口から食べ物が食べられなくなったら、本人もなんのために生きているのかわからないはず。だったら、楽にしてあげたほうがいい、という気持ちになるだろう。

だが、それはある意味、勝手な理屈だ。本人は食べられなくても生き続けたい、と思っているかもしれないではないか。身体や口は思い通りに動かなくても、脳が正常であれば、耳で声が聞こえている可能性はある。

自分は生きたいと思っているのに、周りは「もうダメだから楽にしてあげよう」と勝手なことを言っているのが聞こえていて、「いや、勝手なことをするな」と言いたいのに、なにも伝えることができない。そのもどかしさは、病気の苦しみどころではないだろう。

そう考えると、エンディングノートに書いてあるからというだけで、たとえ家族で

も人の死を決定していいとは思えない。

　意思がある間に自分で「延命治療は不要」と書いたのなら、それは諦めるしかないという考えもある。だが、これだって、「不要」と書いた時点での「死」は想像にすぎない。それが目の前にリアルに迫ってきたら、考えが変わることだって、十分にあり得る。

　以前、探検家の角幡《かくはた》唯介《ゆうすけ》さんが、同じことを言っていた。彼は探検家として極限の状況を何度も経験している。一歩間違えば本当に死んだかもしれない状況も、一度や二度ではない。そんなとき、かつてはジタバタせずに自然に任せよう、と思っていたらしい。

　しかし、死のふちから生還した人から、ずっと意識があったという話を聞いて、考えが変わった。今はジタバタしても生き延びることを試みるつもりだそうだ。それが真剣に生きるという姿勢なのではないだろうか。

　他人の話としては、「あの人は胃《い》瘻《ろう》を拒否して、見事に死んだ」と言えば、格好よく聞こえる。一方、治らない病気で延々と治療を続ければ、家族に迷惑をかけた、と不平不満が出るかもしれない。

しかし、そんなことは私にとってはどうでもいい。仮に周りから見れば終わった人になったとしても、最後まで自分でいたいと思っている。

ただし、現実問題として、経済的な理由で延命措置を中止されてしまう危険もないとは言えない。それを阻止するためにも、仮に植物状態になったときに5年くらいは生かしてもらっても迷惑をかけないくらいの貯金は必要だろう。一生懸命働いているのは、そのためでもある。

賞味期限が切れても、おいしく食べられる

世界中で食料の奪い合いが始まっているという。コロナで停滞していた経済活動が再開されつつあることで、この先景気がよくなるという予想から、原油などのエネルギーと共に小麦など食品の不足が予想されているためだ。多くの食べ物を海外からの

輸入に頼っている日本は、そのあおりをもろに受けている。

食費がかさむのは困るが、これで食べ残しや廃棄が減るのなら、それはそれでいいことかもしれない。

日本ではまだ食べられるのに廃棄される食品の量、つまりフードロスが年間５２２万トンにものぼる。キログラムに換算すると52・2億キログラム。それでもピンとこないだろうが、これは世界全体が飢餓に苦しむ国や地域に援助している食料の量の約１・２倍に相当するらしい。これはあり得ない数字だ。

なぜ、これほどフードロスが多いのか。一つの原因は、賞味期限が切れたというだけで、捨ててしまう人がいるためではないだろうか。

戦争時に食べ物で苦労した私たちの世代からすれば、とても信じられない。牛乳など足の早いものは別にすれば、缶詰など製造後３年は食べても大丈夫ではないか。むしろ賞味期限を一年すぎたくらいが、味が馴染んでおいしいという話もある。

ただ、本当に腐ってしまったものを食べると、抵抗力が落ちている高齢者はすぐにお腹を壊してしまうので、注意が必要だ。当たり前だが、食べる前に臭いを嗅いで、異臭がしなければ、まず問題はない。

昔の日本人は、日常的にこうして食べ物が安全かどうかを確認していた。だから、食品ごとに腐ったときの臭いを知っていた。今から考えると一種の特技だ。

つれあいの母親は100歳まで生きたが、軽井沢の山荘に招待したときなど、食べ物が腐っていないかをチェックするのは義母に任せたものだ。義母がクンクンと臭いを嗅いで「大丈夫」と言えば、まず問題なかった。

多くの人が普段食べる食品とは別に、災害に備えて食料や水を備蓄していると思う。一般には3日間生きられる分を準備することが推奨されているが、高齢者はフットワークが鈍くなっていることを考慮して、5日分は用意しておいたほうがいい。

一年に一度は非常食をチェック、賞味期限が近づいているものがあれば、リハーサルを兼ねて食べてみてはどうか。いざ、食べようと思ったら堅くて食べられないものもあるかもしれない。もちろん、食べる前には臭いをチェックすることは忘れてはい

は大きさや形の揃ったものしか仕入れない。大きさが揃っていると、陳列や値づけも簡単なのだろう。

ただ、その結果として大量の野菜が市場のルートに乗らず、廃棄されていると聞く。多少見かけが悪くても味に違いはない。第一、調理すれば見かけの違いもわからないのに、こんなもったいないことはない。

第三章
「年寄り」にならない人はいない

スマホの代わりに年寄りの知恵を活用せよ

人間は、自分の価値を認められ、必要とされることがなによりの幸せだ。私も今のところ、多くのメディアから原稿の依頼をいただいている。こんな幸せはない。高齢者が尊敬されなくなったのは、その価値を世間が認めなくなったからということでもある。そんなばかなことがあるものか。

かつては、年寄りにも立派な立場が与えられていた。必要性があったわけだ。

少し古い話になるが、江戸時代には横町のご隠居さんは、たいそう大切にされていた。それは単に長生きだからではない。彼らの持つ経験と、そこから身につけた知識を皆が信頼し、頼っていた。落語を聞けばわかるように、当時の庶民は総じて学がない。だから、わからないことがあるときや困ったことが起きると、ご隠居さんに相談して、解決してもらった。だから、尊敬される。

私に言わせれば、高齢者の持っている経験の価値は、昔と変わらない。問題は、その価値を多くの人が忘れていることだ。なにか知りたいことがあると、ほとんどの人は年寄りに聞くのではなく、スマホで検索する。たしかにスマホで検索すれば、瞬時に回答らしきものにたどり着く。

しかし、そこに書かれているのは、ネットやパソコンが登場して以降に誰かが入力したデータの中にある、質問の回答に近いものにすぎない。せいぜい１９８０年代以降に蓄積された情報だ。知識としての蓄積があまりにも浅い。

それに比べて、高齢者の知識には奥行きがある。年寄り個人の知識はせいぜい80年分程度だが、その前の世代から直に引き継いだ知識が加味されている。この〝直接〟という部分がキモだ。昔は今と違って、情報の総量は限定的。その中で敢えて伝えられている情報というのは極めて価値の高いものなのだ。これに価値がないはずがない。

こうした年寄りの価値を再認識させられたのが、東日本大震災だろう。あの震災では多くの人が亡くなったが、同じような地形で、揺れや津波の被害を受けても、地域の住民の多くが助かった場所もあった。その差を分けたのが、昔からの言い伝えに対する評価だ。

三陸地方の海沿いの町では昔から「津波てんでんこ」というのが合い言葉だった。「てんでんこ」とは、「各自」とか「めいめい」を表す言葉で、つまり津波が起きたときは家族が一緒にいなくても気にせず、てんでんばらばらに高所に逃げ、まずは自分の命を守れ、という意味だ。

それは、決して他人を見殺しにしろ、ということではない。自分一人で避難して助かり、他人を助けることができなかった人を決して非難しない、という不文律も含まれる。

こうした教えを守った人の多くは助かり、危険が迫っているのに貴重品を取るためや、家族を救出するために家に戻ったために、命を落とした人は少なくない。

もちろん、家族を救おうとする気持ちは大切だが、そのために家族全員が死んでしまったのでは、なんにもならない。罪の意識を背負いながらも命をつなぐ。そのことの大切さを教えているのが、「津波てんでんこ」であり、年寄りが代々伝えてきた知識の価値というものだろう。

ついでに言っておくと、豪雨や台風などによって山崩れが発生して、住宅が被害を受ける事故がしばしば起きている。その度に「こんなことになるとは思ってもみなかった」と嘆く住民の姿をニュースで見る。

被災したことは気の毒だが、私は多くのケースで事故は未然に防げたのではないか、と思う。

その多くは最近造成された住宅地なのだが、それは逆に言えば長い間人が住んでいなかった場所でもあり、それには必ず理由がある。長い歴史を遡《さかのぼ》れば、なにかしらの災害に見舞われている場合などだ。

しかし、造成され、新築の住宅が建ってしまうと、その土地が持っている歴史が覆い隠されてしまう。表面だけを見れば、なんの変哲もない土地にピカピカの家が建っているため、つい購入してしまうのだろう。

だが、どんなに化粧をしても、その本性は消せない。一度自然が猛威を振るうと、その隠れた本性が露《あらわ》になる。

こうした本性は、意外に簡単に知ることができる。それは地名だ。地名に「谷」「沼」「沢」などがつく場所は、注意したほうがいい。渋谷や港区の溜池などが、その典型だ。こうした字のつく場所は、今は造成して起伏がなかなか意識できないが、かつては沼や谷底だった可能性が高い。厄介なのは地名ごと変更してしまうケースがあることだが、地元の年寄りなら皆、常識としてそうした危険性を知っている。

不動産を購入する前には一度、地元の年寄りが集まる喫茶店などで年寄りに話を聞いてみるといい。

日本は地震大国なのだし、温暖化の影響による豪雨や台風などの自然災害は、これからますます増えるだろう。そのときに備えて用意できることはする。万が一のときに命を守るためにも、年寄りの言葉に耳を傾けることをおすすめしたい。

読書で得られる知恵も高齢者の知恵に匹敵する

高齢者の知恵が生きるのは、自然災害への対処だけではない。

目下のところ、日本を始め世界中がコロナ禍の真っ直中にいる。ワクチンができたとは言え、次々に誕生する変異株にはどこまで効き目があるのかは未知数だ。特効薬が開発されるまでは、多少感染者が増えたとか減ったで大騒ぎするのではなく、この状況がまだまだ続くと見るべきだ。

こんな話をすると、下重さんは悲観的ですね、などと言われる。別に、私は悲観主義でも楽観主義でもない。歴史に学んでいるだけの話だ。

コロナ騒ぎが始まった直後、ある人からカミュの『ペスト』を読むようすすめられた。読んで、びっくりした。物語は、アルジェリアのオラン市で、ある朝、医者のリウーがねずみの死体をいくつか発見したことから始まる。

その後、原因不明の熱病者が続出する。それがペストだ。外部と遮断された状況で、必死に病気と闘う市民たちの姿が年代記風に描かれる。これはあくまでフィクションだが、史実に基づいている。そこに描かれていることは、コロナ禍で現在起きていることと瓜《うり》二つなのだ。少なくとも、ここまでのコロナの展開は、この小説をまったくトレースしている。おそらく、この先の結末もその通りになるだろう。私はそう思っている。

そうすると、テレビのワイドショーで日々垂れ流されるコメントなどに惑わされることが一切なくなった。これが歴史に学ぶということであり、読書の価値でもある。むしろ、そのことを忘れたために世間は右往左往し、フェイクの情報に基づく、特定の人たちの利益にしかならない政策を、あたかも自分のために行われていると信じ込んでしまう。

老婆心ながら、この本を読んでいる若い人たちに言っておきたい。だまされたと思って、身の回りにいるお年寄りと話をしてみることだ。そうすれば、自分の常識がいかに浅はかなものか、気づかされるだろう。

「断捨離」や「終活」に踊らされるな

高齢者には経験という素晴らしい価値がある。それは若者が逆立ちしても勝てない価値だ。若者はそれを認め、生かすことが社会全体の利益になる。私はことあるごとにそう言っているが、実は高齢者自身も自分の持っている価値に自信が持てなくなっているのではないか。

例えば、本当は腑《ふ》に落ちていないのに、テレビや雑誌の言っていることを真似《まね》てしまう年寄りがいかに多いことか。「断捨離」や「終活」ブームはその典型だ。

断捨離というのは、身の回りにある不要なものを捨てて身軽になろう、そうすれば心も身体も自由になる、というものだ。考え方自体は私も共感しているが、まだ使えるものまで捨ててしまうのは本末転倒だし、ものが多すぎると死んだ後で遺族に迷惑だから捨てよう、というのも賛同しない。

自分にとって価値のあるものは、堂々とそばに置いておくべきだ。

終活も同様。しっかり準備しておかないと、子供たちが相続争いするかもしれないから、遺書を書いておこうなど。親が終活をして、子供たちが安心するのならまだいいが、メディアがあれだけ熱心に終活をすすめるのは、年寄りが抱えているお金を吐き出させるのが目的としか思えない。

終活をするためには弁護士や司法書士に手伝ってもらう必要がある。資産を信託財産として管理するためには、金融機関に依頼する必要がある。当然、そこには手数料が発生する。メディアはそうした年寄りが終活をすることで利益が得られる層からの広告で成り立っている。

特に銀行など金融機関は長引く超低金利の影響で、昔のように預金を集めて企業に貸しつけるビジネスが成立しなくなった。新たな収益源として高齢者を標的にしているのではないか。

そんな他人の儲けのために、自分の大切な資産や時間を使う必要はない。むしろ全財産をどこかに寄附した方がいい。

高齢者は自分に自信を持とう

多くの高齢者が、メディアや世間の風潮に踊らされるのは、自分に自信をなくしているためだ。かつては家庭内でも年寄りが君臨していた。居間でも一番の上座に座り、食事でも魚の一番おいしい部分は年寄りのものだった。

ところが、今ではすべてが逆。少子化で子供が減ったから、子供に対しては上げ膳据え膳で、そのしわ寄せがすべて年寄りに来ている。もちろん、若者が周りに持ち上げられるような中身が伴っていればいいが、そうじゃない。年寄りは敬うものです、と言っても「敬うってなに？」という感じだろう。

言葉が先か、実態が先かはわからないが、敬うという言葉がなくなったことと、年寄りがないがしろにされることも無関係ではないだろう。

高齢者の価値がないがしろにされた原因には、核家族化が進んだこともある。年寄りの知恵というのは改まって学ぶのではなく、生活の中のなにげない会話で伝承されるものだが、老人と接するのは正月と夏休みだけとなると、それが伝わりにくくなる。

結果、ただ年を取っているだけで、たまにお小遣いをくれる人、になってしまう。

だからと言って、昔のように親子三世代で同居など非現実的だ。広いお屋敷に住んでいるのならともかく、個室も持てない生活に戻れと言っても無理だ。

では、どうするか。年寄りが自分の持っている経験や知識の蓄積を情報として発信することだ。

今は幸いネットという文明の利器がある。SNSなどを通じて誰でも簡単に情報を発信できる。

多くの高齢者がさまざまな分野で自分が持つ情報を発信すれば、その価値に再び多くの人が注目するようになる。結果的に年寄りを敬う文化が醸成されていく。

そのためには、高齢者もスマホやパソコンを使いこなせるようになることは、絶対に不可欠だ。そして、どうせ自分たちの知っていることなど時代遅れ、などと思わないこと。時代遅れも周回遅れになれば、トップの前を走るのである。

年寄りの話が長いワケ

私は若い人と接する機会が多い。一緒に仕事をする編集者やインタビューを受けるライターは例外なく年下だ。仕事以外にも一緒に食事をしたり、最近はコロナで控えているが、カラオケに行ったりするのも年下だ。若い人と接することは、刺激になり、ぼけ防止の点からもありがたいと思っている。

ところが多くの年寄りは、年下とつき合おうとしない。感性が違いすぎて面白くないのだと言う。違う感性の相手だから、話をして楽しいのではないか。

実は若者にも、年寄りと話をするのがいやだという声が多い。自分の知らないことを知っているから話を聞きたいとは思うのだが、こちらの話を聞かず、一方的に喋り続けられるから疲れてしまうらしい。その気持ち、私もよくわかる。

個人的な印象としては、喋ることを仕事にしてきた人に、その傾向が強い。私にとっては、その典型が男性アナウンサーだ。私はかつての同僚の集まりにはほとんど参加しないが、どうしても必要があって出かけたときなど、先輩たちの挨拶が例外なく止まらない。

それも会の話や集まりの主役についての話題ならいいが、ほとんどはまったく無関係な自分のことを10分、20分と喋る。あれは迷惑以外のなにものでもない。

本人はサービス精神を発揮しているつもりかもしれないが、聞かされる側からすれば、拷問《ごうもん》に近い。

私は一般社団法人日本旅行作家協会の会長を務めているが、初代会長の斎藤茂太さんの挨拶はほんの一言。ユーモアに溢れ、見事だった。

私も、喋りすぎないように気をつけている。場が盛り上がらないと、つい出しゃばってしまうのだが、そんなときもぐっと堪《こら》えて、誰か他の人に喋ってもらうために話題を他人に振るよう心がけている。

つれあいと一緒に出かけたときなど、「ちょっと喋りすぎだ」と注意されることもある。自分ではそんなつもりはないから、言われた瞬間はカチンと来ることもあるが、向こうは元々プロデューサーだから、客観的に人の話を聞くプロだし、聞く側としてはそう感じているのだろう。こうして注意してくれる人がいることに、感謝しないといけない。

なぜ年寄りは話が長くなるのか。喋る機会が少なくなると、このチャンスを逃すまいという気持ちが強くなるのかもしれない。特にかつて人前で喋っていた人は、注目される気持ちよさを知っているから、昔の栄光再びとなってしまうのだろう。

人と同じことをして安心するな

この文章を書いている2022年の初夏の今もコロナは収まる気配がない。ワクチンもできたことで、一時のパニックは収束したが、油断は禁物だ。特に年寄りは感染すると重症化しやすいことに変わりはない。

ただしコロナが怖いからと言って、家に閉じこもっているのも問題だ。人と会わないとぼけるし、出歩かないと足腰が弱る。一度転んでしまうと、待っているのは寝たきりの生活だ。

私自身、人混みはできるだけ避けているが、毎日の散歩は再開している。マンションの敷地内に公園があるし、高低差もあるから、散歩するには最適だ。

そんなときもマスクは携帯しているが、ほとんど着けることはない。近い距離で会話などしなければ、感染することはほぼないとわかっているからだ。専門医の話によれば換気が一番大切だとも言われている。

ところが、そんなシチュエーションでも、律儀にマスクを外さない人がいる。やっと最近、熱中症のことも考えて、人と距離が離れているときはマスクを外すようにと言われ始めた。

言うまでもなく、マスクをするのはコロナに感染したり、感染させたりしないためである。だとしたら、誰も近くに人がいなければマスクなどする必要はない。人とすれ違ったとしても、黙って通りすぎれば問題ない。だったら、あんな息苦しいものを着ける必要はない。さっさと外そう、そう考えるのが、むしろ当たり前だろう。

本心ではマスクは必要ないと思っても、一人だけ外すのは具合が悪いと考える人もいるかもしれない。日本人は他人と違うことを極端に嫌う傾向がある。むしろ皆と同じであることで、安心を感じるのが日本人だ。特に最近は、この同調圧力が強くなっているのも気になる。

これに対し、外国人はそんなことを一切考えない。私は週に一回、近所のスポーツジムに通っていることは既に触れた。たまにグループストレッチも受けている。

インストラクターの先生が「右手をあげましょう」と言うと、ほとんどの人は従うのだが、時々左手をあげる人がいる。見てみると、例外なく外国人だ。ストレッチが終わって、その人に尋ねたことがある。「なぜ、あのとき左手をあげたの？」と。その人は、こともなげにこう言った。「私は左の肩が痛いから」。なるほど。あそこに行く目的は身体の調子を整えることであり、皆と同じ行動を取ることではない。だから、目的を達成するために必要なことをしているというわけだ。

もちろん、他人と違う行動を取ることで、他の人の迷惑になることは慎むべきだ。しかし、そうでなければ、その行動の目的を明確にして、他人の目など気にせず、自分にとって必要なことをする。この先何十年も生きられる保証がないわけだから、人に迷惑をかけない範囲であれば、もっと自由になっていいと思う。

若者も引き入れないと、高齢者のみの「集い」は消滅する

年を取るとはどういうことか。

肉体が若い頃に比べて衰えていくのは当たり前だが、精神的な衰えは、年齢とは無関係だ。自分の心の持ちようで、いつまでも若くいることはできるのだが、そんな気持ちを萎《な》えさせられることもある。

昔からの知り合いが一人、また一人と亡くなっていくときだ。その淋しさだけは、自分の努力で乗り越えるのは難しい。

私は若い頃から「東京やなぎ句会」にゲストとして参加している。九代目入船亭扇《いりふねていせん》橋《きょう》さんや十代目柳家小《やなぎやこ》三治《さんじ》さんなど落語家や、小沢昭一さん、永六輔さんなどが中心になって１９６９年に創設された句会だ。

最盛期は20人以上のメンバーを抱える大所帯になったが、今や創設時からのメンバ

ーは芸能・演劇評論家の矢野誠一さん一人になってしまった。

元々は女人禁制だったため、私は長い間ゲストという立場で参加していたが、会員が次々と世を去ってしまったため、なし崩し的に会員にしていただいた。女優の小林聡美さんや倉野章子さん、イラストレーターの南伸坊さんなども参加しているが、今現在は会の名前を東京十七句会に変え、東京やなぎ句会をひきついでいる。

年寄りが多いと、一人、また一人と減っていき、やがて会は自然消滅する。

そうさせないためには、若い人にも参加してもらうことが不可欠だ。若い人が入りたくなる雰囲気作りをしなければいけない。

そのためにも、同年代の人とばかりつき合っていてはダメだ。私自身、できるだけ若い人と積極的に関わるようにし、句会に誘おうとしている。

「人は年寄りにさせられるのだ」

ボーボワールの有名な言葉に「人は女に生まれるのではない。女になるのだ」というのがあるが、これに準《なぞら》えれば「人は年寄りになるのではない。年寄りにさせられるのだ」ということだ。

なぜ日本という国は、人を特定の枠にはめたがるのか。枠にはめる、つまりなにかのグループに入れてしまえば、一律で管理しやすいからだ。

しかも、グループに入れることで、お互いが監視するため、悪いことをしないだろう、という意図もありそうだ。

一方で、国民のほうにも枠に入りたいという気持ちが、どこかにあるのではないか。枠に当てはめてもらうことで、安心感を得ようとしている。特に男性にそうした傾向が強い気がする。

現役時代は会社員という枠に入り、その中のメンバーとだけつき合う。自分と近い価値観の人の集まりだからつき合いも楽だろう。

しかし、いざ定年になり、その枠から放り出されてしまうと、途端に不安になる。メディアに乗せられて終活に一生懸命になる男性が多いのは、その不安を紛らわすためだろう。

それに比べて女性は、若いときから自分という個人単位で生きている人が多い。家庭とは別に趣味の仲間とのコミュニティにも参加している。これも一つのグループだが、誰かが作った枠にはめ込まれるわけではない。あくまで自発的に生まれたものなのだ。

趣味と言えば、マニアやコレクターと呼ばれる人に女性はあまり見かけない。私は藍木綿《あいもめん》で作られた蒲団《ふとん》や風呂敷《ふろしき》など古い筒描《つつが》きを集めている。コレクションと言えるほどの量になったため、展覧会も開いたことがあるが、そのときも女性でこうしたコレクションをしている人は非常に少ないと珍しがられた。

ただ、私の場合、コレクションすることが目的ではない。美しくて好きだと感じたものを買っているうちに、数が集まってしまった。結果にすぎない。

それに対し男性のコレクターは、集めることが目的の場合が多いようだ。例えば古銭を集める人なら、ある特定のジャンルを決め、それにはどんな種類があるかという情報を事前に入手し、それをすべて集めようとする。真面目と言うか、あの一生懸命なにかにはまり込む姿勢は、女にはない特徴だ。

本人からすれば、そこに没頭することで、精神的な安定を得られているのだとすれば、それはそれでいいのかもしれない。むしろ、そうした熱中できるものがなにもない人のほうが不幸だ。

だからと言って、年を取ったらなにか自分の趣味を持ちましょう、と言われて、それに従うのも考えものだ。結局は、誰かに言われる枠に自分をはめようとするだけ。それでは、いつまでたっても本当の幸せは得られない。

なにより大切なのは、自分自身。他人からのお仕着せではない、自分の中から湧き出る気持ちに従って、行動する。それが最高の人生を送るための秘訣だ。

「おひとりさま」を怖がる必要はない

上野千鶴子さんの『おひとりさまの老後』がベストセラーになって久しい。あの本では知恵と工夫さえあれば、老後の一人暮らしはちっとも怖くないということが書かれている。私も読んだが、とても参考になった。

言うまでもなく、人は皆、最後はおひとりさまになる。それは配偶者がいてもいなくても同じだ。つまり、おひとりさまは決して特殊なことではなく、ごく普通のこと。それなのに、なぜかおひとりさまになることを恐れている人がいる。これが私には理解できない。

私は今、成り行き上、つれあいがいて、一緒に暮らしている。つれあいは料理が好きで、しかも得意だから、食事の支度は全部彼の担当だ。おかげで私は仕事に専念できる。人様から見れば、羨ましいかもしれない。

同じように配偶者が元気でいて、生活の面倒を見てもらっている人にとっては、その人が将来いなくなってしまったらどうしようと思う。それが、おひとりさまに対する不安の正体だ。おひとりさまに恐怖を抱くのは男性が多いのも、そのためだろう。

しかも、男性は若いときから仕事上のつき合いしかないから、定年になると、途端に人とのつき合いがなくなる。奥さんしか構ってくれる人がいないから、その相手がいなくなることを考えると不安になるのだろう。

私のエッセー教室に通っている男性にも奥さんを亡くされた高齢の男性がけっこういるが、ここだけが楽しみで、これがある間は元気に生きられると言っていた。

エッセーの効用がわかって、とても嬉しくなった。

私もつれあいに先立たれれば、どうなるか考えることはあるが、だからと言って不安になることはない。なぜか。いなくなったらいなくなったで、生きていくためにどうにかするだろう。そう考えているからだ。

つれあいに代わって、誰かに料理を作ってもらうという方法もあるだろう。そのためには代金を支払わないといけない。

まだ今と変わらないくらい元気なら、料理をもう一度勉強してもいい。幸い、同年代の友だちに料理の得意な人が何人もいるから、その人に習ってもいいし、もっと若い知り合いにも料理が得意な人を確保している。

彼ら、彼女らとつき合うのは、それが自分にとって刺激になり、楽しいからなのだが、こうした将来のための布石でもある。

年寄りの中には、自分と同年代の人とばかりつき合っている人もいる。同じような経験をしているから、話題も共通だし、価値観も近いので楽だからだろう。

逆に若者はなにを考えているのかわからない。話をしても腹が立つばかりだ。そんな意見も聞く。

しかし、私は若い人とつき合うことに違和感がない。もちろん、なんでこんなことも知らないのかと腹が立つこともある。だが、そんなときも今の人はそう考えるのか。なるほど、と考える。そうした興味の対象として相手を見れば、「なるほど」と尊敬の気持ちも湧いてくる。

すると、自然に相手もこちらのことを単なる年寄りではなく、一人の友人としてつき合ってくれる。おひとりさまになったとき慌てないために、そうした人づき合いを今からやっておくことをおすすめする。

メディアが流す新語が分断を招く

政治家の言葉が軽くなっている。

朝令暮改も日常茶飯事。選挙のときに公約として語った言葉も、当選すると途端になかったことになってしまう。しかも、それを国民がとがめないから、ますます責任を持たなくなる。悪循環だ。

今の岸田首相は元々、主張がはっきりしない。言葉は喋っているのだが、なにを言いたいのか伝わってこない。おかげで批判されることも少なく、世論調査では「他の人よりよさそうだ」票を集めるため、支持率が高かった。

失言で世間を騒がせることにかけては常習犯だが、話がうまいのは森元首相だ。私は奥さんと大学の同級生ということもあり、個人的にもよく知っているが、彼は話し言葉というものをよく理解している。好き嫌いはともかく、話の面白さにかけては、近年の政治家ではトップに入ると思う。それだけに、迂《う》闊《かつ》な失言の多さが残念だ。

政治家に限らないことだが、言葉に重みがなくなっている背景には、メディアの責任も大きい。特にタレントやアナウンサーの劣化は甚だしい。用意された原稿をただ読むだけで、聞き手に伝えようという意思が見えない。

原稿の内容を自分で理解し、それを嚙《か》み砕いて視聴者が理解できるような言葉で伝えるのが、話し手の役割だろう。ところが今は、ほとんどの人が理解できないだろう言葉をニュースなどで平気で使う。

私は仕事柄、新聞も隅々まで毎日目を通すし、若い人とも接する機会が多いから、比較的時代についていっていると思うが、それでも知らない言葉がよく出てくる。

スマホやネット関連の言葉がその典型。ダウンロードだ、アプリだと言われても、多くの年寄りは理解できていない。ほとんど外国語を聞くような感じで聞いているはずだ。

私たちの現役時代はそうした新しい言葉が出てきたときは、日本語の解説を必ずつけたものだが、今の報道にはそうした配慮が一切ない。外来語や専門用語をそのまま垂れ流している。

話し手自身も理解できているのか疑わしい。自分が内容を把握していれば説明できるし、説明したくなるものだ。そんな、誰かが書いた原稿を鵜呑みにして吐き出したものを見せられたって、なにも伝わるはずがない。

おかげで高齢者は、時代からどんどん置き去りにされてしまう。それが彼らの疎外感につながっているということをぜひ理解して欲しい。

言葉は生き物だから、変化するのは当然だ。若者言葉のような新しい言葉が生まれるのも否定しない。だが、メディアは言葉の意味を伝える義務がある。

私自身は可能な限り、外来語を使わないようにしている。言葉はお互いを理解するための道具であり、相手が理解しやすい言葉を使うことがコミュニケーションの第一歩だからだ。

逆に言えば、言葉が通じなければ理解などできるはずがない。そんな相手が理解できない言葉を使うのは、相手との関係そのものを拒否しているのと同じ。このままでは言葉の理解度によって、日本人が分断されてしまう。少なくとも公共放送であるN

HKは、その片棒を担いでいることを自覚すべきだ。

なぜ「紅白歌合戦」はつまらなくなったか

短い期間だが放送の世界に身を置いた人間としては、あまり言いたくないが、テレビが悲しいほどつまらない。

地上波の放送など年寄りしか見ていないとしたら、もっと年寄りが楽しめる番組を作るべきだが、ついていけない番組が多い。

その筆頭が大みそかの「紅白歌合戦」だろう。今時、紅白など若い連中は見るはずもないのに、出ているのは年寄りには馴染みのない歌手ばかり。あの番組は、流行の歌手を集める番組ではない。日本を代表する歌手を、もっと選ぶべきだ。それが一年の締めくくりに相応《ふさわ》しいのではないか。

流れが変わったのが、２０１３年を最後に北島三郎が出なくなったあたりだと思う。彼は紅白に最多の50回出場しており、その多くでトリを務めた。

好き嫌いはともかく、彼が締めくくることで番組が締まったのは間違いないし、彼が歌う姿を見て「これで今年も無事に過ごせた」という安堵《あんど》の気持ちになったものだ。

「退くことで後輩が出てくることもある」と後輩に道を譲ると語っていたが、彼の空席にどんな歌手が出てきたかを考えると、残念ながら彼の思いはNHKには届かなかったと言わざるを得ない。

それでも数年前までは演歌の歌手も多少は残っていたが、昨年あたりから一気に様子が変わった。なにしろ五木ひろしも出ないというのだから驚いた。個人的には森進一のほうが贔屓《ひいき》なのだが、五木ひろしも評価している。

既に70代半ばだが、かつてと同じ声量で歌えているのは、日頃からトレーニングを怠らない証拠だ。たまにテレビで見る喋りなど、かつてよりうまくなっている印象を持つ。芸能界では大御所だが、それにあぐらをかくのではなく、生き残るための努力を続けているのだろう。こうした歌手にこそ、紅白は光を当てるべきだ。

「お笑い芸人」という呼び名はおかしい

こうした話をすると、若い歌手を知らないくせに、と言われそうだが、ばかにしてもらっては困る。一連の坂道系のグループもちゃんとチェックしている。私のお気に入りは欅坂《けやきざか》46だった。今は櫻坂《さくらざか》46に改名したが、ルックス的な質も坂道系の中では粒が揃っているし、歌や踊りも達者な子が集まっている。なにより今時のアイドルグループには珍しく、笑わない。貴重な存在だと思っている。

彼女たちに限らず、私は個性が際立つ人を応援している。きゃりーぱみゅぱみゅなどは、まさにその筆頭。衣装のセンスなどとてもいい。まさに唯一無二。ふざけているように見えるが、芯はしっかりしていると思う。彼女の才能は、世界でも通用するものだ。彼女も２０１２年から３年間は紅白に出ていたが、その後彼女の名前はない。テレビが面白くないと感じているのは、やっぱり私だけではなかった。そう感じる出来事があった。

２０２１年の７月、私は「徹子の部屋」のゲストに出ることになった。久しぶりなので最近の番組の雰囲気を知っておこうとチェックしたのが、番組放送45周年の特番。内容は、明石家さんまが、自分の面白いと思う若手芸人を次々に徹子さんに紹介するというものだった。ネタを披露したり、ゲームをやったりして、徹子さんを笑わせようと努力している。その必死さはわかるのだが、私にはどこが面白いのかまったくわからなかった。

徹子さんがどう反応するのか眺めていたら、彼女も番組中、一度も笑わなかった。私にはそれが一番面白かった。私の番組収録の後、あの回のことが話題に出た。「一度も笑わなかったでしょ？」と尋ねると、彼女はきっぱりと言った。

「だって全然面白くないんだもん。仕方がないじゃない」

あの放送の後、ネットでは批判の意見も出た。黒柳徹子は今の笑いが理解できなくなっている、と。冗談を言ってもらっては困る。彼女はまったく無名時代のタモリを見いだしてテレビに出したほど、笑いには精通している。

若手芸人も、努力していないわけではない。今の時代、数少ないチャンスを摑《つか》むため努力している。私もたまにバラエティ番組に出るので、そのことは知っている。だが、いかんせん面白くない。

まずは自分のことを「お笑い芸人」と名乗るのはやめるべきだ。お笑い芸人と名乗ることで、自分が今から喋ることは面白いんですよ、と言っているようなもの。笑うかどうかは、聞く側が決めることである。なにも説明されなくても、思わず笑ってしまう。それが本当のコメディだ。

テレビがつまらないのは、作り手の質の低下があると思う。タレントは彼らに使って欲しいから、彼らの求めるものを提供する。番組がつまらないのは、作り手にも責任がある。

まず、新たな才能を発掘する努力が足りない。昔は誰も知らない才能を探してくるのが制作者の腕の見せ所だった。しかし、今はネットで話題になっている人を安易に呼んでくるだけが多いのではなかろうか。

ネットならまだしも、他局の番組が視聴率を取れていると聞くと、類似の番組を平気で作る。恥ずかしくないのだろうか。かつては、最も軽蔑された行為だ。

ところが、今は真似でもなんでも視聴率さえ取れれば、評価される。逆に挑戦的な番組を作っても結果が出ないと、すぐに責任あるポジションから外されるらしい。メディアも減点主義、事なかれ主義になっているのだろう。そんなことで、視聴者をワクワクさせる番組などできるはずがない。

所ジョージとタモリは逸材

そんな中でもキラリと光る番組もある。NHKの「クラシック倶楽部」「日曜美術館」は必ず見ている。

あとは、BS放送。TBSで毎週土曜日正午から放送していた「関口宏のもう一度！ 近現代史」も良質な番組だった。司会の関口宏が、ノンフィクション作家の保阪正康をパートナーに迎え、明治維新から終戦・戦後の150年の流れを詳しく学んでいく歴史番組だ。元々つれあいが番組のファンで見始めたのだが、あんなに日本近現代の歴史を正しく学べる番組はない。ただ、2022年の3月いっぱいで、残念ながら終了してしまった。

民放ではテレビ朝日の「ポツンと一軒家」も面白い。単に辺境の地にある家を紹介するのではなく、そこに暮らす人のドラマが描かれている。

司会の所ジョージのコメントも、いつもしゃれている。適度に毒のあるコメントも言うが、決して人を傷つけない。相手を尊敬しているのがわかる。。しかも、彼はいろいろな分野について深い知識を持っているのだが、それを嫌味ではなく披露する。これはタモリにも共通するが、とても勉強家なのだろう。なによりあの二人に共通なのは、発想のユニークさだ。「ブラタモリ」でもそうだが、そんな見方をするのか、といつも感心させられる。

この能力は、努力で身につくものではない。今、芸能界を見渡しても、あんなにユニークな人たちはいない。おそらく、これからも当分は出てこないだろう。

少なくとも今の画一化された教育が続く限り、あんなに個性的な才能は生まれないと私は思う。ますますテレビから遠ざかりそうだ。

コロナが与えてくれた好機

テレビを見ていると、高齢者を対象にしていると思う商品やサービスのコマーシャルばかりが目につく。あれだけお金をかけて宣伝する以上、それを買う年寄りも多いのだろう。

中でも私が不思議に思うのが、生命保険だ。テレビでは「85歳でも入れます」と宣伝している。入れないと思っていたら、入れてくれるらしい、これはありがたいと思うのだろうか。

しかし、よく考えて欲しい。生命保険とは、一家の稼ぎ頭が死んで収入が途絶えてしまっても、残った家族が路頭に迷わないように加入するものだ。

年寄りは既に働いていない。夫が死んでも自分の年金はなくならない。子供がいても、既に成人しているから残す必要などなく、父親が死んでも困る人などいない。つまり、保険は必要ないのだ。

葬式代くらい自分で用意したいという人もいるが、保険に入れるお金がある人は、その程度の貯金は間違いなくあるだろう。なぜ、わざわざ保険で備える必要があるのか。少し冷静に考えればわかることが、わからなくなっている。これは高齢者にも問題がある。

しかも、最近は葬式に昔ほどお金をかけないことが一般化している。コロナ以降は、人が集まる大規模な葬式ができなくなったため、身内だけの葬式が大半だ。

一昔前はそれなりの人はそれなりの葬式をしないといけないと思っていたが、家族だけで送ってもなにも困らないと気づいた。むしろ会ったこともない他人が大勢来る葬式よりも、故人の死を悼《いた》む人だけのほうが、いい葬式ができるとわかった。これは、コロナが流行ったことによる変化で、数少ない歓迎できることだろう。

その点ではつき合いの会食が減ったこともいいことかもしれない。私は元々義理でのつき合いなどしないほうだったが、おかげで落ち着いてものを考える時間ができた。私以外にも、自分にとって本当に必要なもの、大切なものがなにかを考えた人は多かったはずだ。

年を取っても、まだまだ時間はある。自分に必要なこと、幸せなことがわかったら、そこに時間をかけることができる。

長生きリスクが怖いと言って保険に入っているくせに、もう残された時間が少ない、もう間に合わないと言って、なにも始めないのは自己矛盾だ。

コロナでいつ死ぬかわからないという危機感を持ったことで、今できることをやろうと思えたなら、それはとてもいいことだ。

コロナはそのことに気づかせてくれたという意味では、決して無駄ではない。コロナは困ることが多いのは間違いないが、その機会をうまく活用できた人は、きっとこの先の人生を意義あるものにできるはずだ。

第四章 年を取るほど、お金は重要

「年を取ると、お金は大事よ」

年寄りに対する風当たりが強い。頑固だとか、話が長いという批判は、敢えて反論しないが、お金のことについては、いささか言いたいことがある。

「日本では個人資産の多くが年寄りに集中している。どうせ死ぬだけなのに、なぜあんなに貯め込む必要があるのか。家もあるし貯金もあるのに、年金をもらう必要はない。生活に困らないなら、年金を辞退したらどうか」。そんな意見もあるらしい。

たしかに現役世代は昔に比べると、年金を含めた社会保障の負担割合が大きくなっている。50代以下は払った年金保険料よりも、もらえる年金のほうが少ないという試算もあると聞く。だが、それはなにも高齢者に責任があるわけではない。

少子高齢化が進むことは50年以上前からわかっていたのに適切な手を打つことをせず、選挙の票を獲得するために、保険料を払っていない専業主婦にも年金を出すなど政治家の責任も大きい。文句があるなら、そっちに言うべきだ。

ないの。その度にお金が必要なんだから。お金を持っておかないとダメよ」

兼高さんは既に一人で歩くのが難しい状態で、男性が世話をやいていた。ダンディーな人だったが、あんな人に面倒を見てもらうには、それなりの報酬が必要になるだろう。

あのときは、彼女がどういうつもりで私にあの言葉をかけてくれたのか、よくわからなかったが、今ならすんなりと腑に落ちる。

兼高かおると言えば、あれだけ自由に世界を飛び回り、世間にも大きな影響を与えて、周りから羨望の眼差しを集めてきた人だ。そんな人から出た「お金は大事よ」という言葉は、非常に重い。

人生にはお金より価値のあるものはある。それは事実だが、お金が必要なのも事実だ。特に年寄りほど、お金の重要度が増す。しょぼくれた年寄りなど、お金でも払わなければ、好き好んで面倒を見てくれる人などいない。

逆に言えば、足が不自由になっても、お金さえ余分に払える経済力があれば、世界中旅行することだってできる。それが現実だ。それが私ごととしてわかった今、無駄遣いしそうになったときはいつも、あの言葉を思い出している。

特殊詐欺は日に日に進化している

年寄りを標的にした詐欺が後を絶たない。

警察庁のまとめによると、２０２０年の特殊詐欺の認知件数は１万３５５０件、被害額は２８５・２億円にのぼる。そのうち、65歳以上の高齢者が被害を受けた割合は85・７％となっており、年々増加し続けているという。

実は私も最近、特殊詐欺に遭遇した。始まりは家電量販店の店長を名乗る人物からの「あなたのカードが不正利用されている」という内容の電話だった。平日の夕方５時すぎだったと思う。

私もかつてはアナウンサーだったから、言葉遣いでその人となりがある程度わかるのだが、電話の主は礼儀正しく、きちんとしていた。カード番号は電話なのでこちらからは言えないとしながらも、カード会社はたしかに私が普段使っているところの名前だ。自称店長によると、６万円ほどの電気製品をカード決済で購入しているが、不審に感じたので最寄りの警察署に通報した。「今警察官が来てくれているから代わる」と言う。

次に電話口に登場した自称警察官も、実にそれらしい東北弁で、いかにも誠実そうにこう言ってきた。「量販店から連絡をもらって調べたところ、２０２１年の６月頃から不正利用されていた可能性がある。既にカード会社にも連絡ずみで利用は停止してもらったが、過去の件を調べる必要があるのです」

私も特殊詐欺のことは知っている。電話が来た瞬間から警戒はしていたが、ここまで来て、完全に怪しいと思い始めた。毎月カードの明細をチェックしているが、使った覚えのない記載はなかった。そして、とどめが警察官による、この言葉である。

「でね、下重さん、カードのことだから金融庁の担当から連絡が行くと思うから、対応してもらえますか」と言うのである。カードの不正利用など今の時代、珍しいことではない。カード会社に連絡して利用を止めれば、それで終わりだ。身に覚えのない利用は保険で補償されるから、こちらは払う必要もない。過去にカードを紛失したこともあるため、そのことは知っている。

これは完全に詐欺だ。そう確信した私は「えっ？　カードの不正利用事件で金融庁が出てくるの？」と返した。すると、相手は慌てることなく平然と「念には念を入れたほうがいいと思って」と言う。

敵もなかなかのものだが、これ以上詐欺につき合うほど私も暇ではない。そこで、近くで聞いていたつれあいにバトンタッチした。

つれあいが「金融庁にはこちらから電話しますから、担当部署と電話番号を教えてもらえますか」と言うと、しばらく無言のまま、電話がガチャンと切れた。女性の高齢者一人暮らしと思っていたら男が出たから、まずいと思ったのだろう。

電話がかかってきたときメモしていた量販店の店長や警察官が実在するのか、電話で確認したが、当然該当者は実在しなかった。

まり、ある程度言葉を交わせるようになると、なにか困っていることはありませんか、と言いながら関係を縮めていく。照明の電球を取り替えたり、雨どいの掃除をしたりするらしい。

こうして信頼を得たところで、ようやく「奥様、金の延べ棒って知ってらっしゃいます？　金は株と違って、価値が下がることがないんですよ」と本題に入る。

こうなると、もう相手の術中にはまったも同然。気がついたときには契約書にサインをしているという具合だ。

これも特殊詐欺と同じで、人の本能を突いた実に巧妙なやり口だが、実は被害者の年寄りは、自分がだまされていると感じても、買ってしまうケースも多いらしい。

自分をカモにしようとしているのは知っていても、それでも自分に優しくしてくれる。それは紛れもない事実。幸い、自分には多少の蓄えもある。それで金を買ってあげれば、彼は喜んでくれる。彼が喜ぶ顔を見たい。そんなふうに考えてしまうのだろう。

言い訳をさせてもらうと、私は母を一人にして、ほったらかしていたわけではない。毎晩9～10時の間に必ず電話をかけていた。でもそれは「元気？　なにか変わったことなかった？　そう、じゃあまた明日かけるね。おやすみ」といった程度だ。こちらが忙しいことを知っているから、長話はしないようにしていたかもしれない。

そんな心の隙間にすっと入り込まれれば、誰も逆らえない。むしろ進んで買ってしまうのかもしれない。これを完全に阻止するのは、難しいと言わざるを得ない。

お金を増やそうと欲をかくと、必ず損をする

投資に関するトラブルは後を絶たない。

銀行員に元本保証と言われて投資したら、それは外貨での保証で日本円では元本割れする商品だった。

電話で必ず値上がりすると言われて仮想通貨を購入する契約を結び、代金を支払ったが解約できない。

こうした例は枚挙にいとまがない。しかも、その被害者の多くは、年寄りだ。

統計でもわかるように高齢者は相対的に多くの資産を持っている。金融機関としては、そこに狙いをつけてやってくる。そこまではビジネスとしては間違いとは言えない。問題なのは、年寄りでは到底理解できないような複雑な仕組みの金融商品を、十分に説明もせずに売りつけるケースがあることだ。

最近は法律で相手が理解したことを確認するために、署名させるようにしているらしい。しかし、それは内容を理解したこととイコールではない。むしろ署名させることで、後々トラブルが起きたときに売り手側の言い訳の材料を与えている可能性もある。

私は資産運用には興味がない。面倒臭いし、理解できないものには手を出さない主義だからだ。食べるだけのお金があれば十分だ。

お金というのは、突き詰めればただの紙切れだ。最近は電子マネーも登場、紙のお札さえなくなりつつある。そうなると、ただの数字でしかない。そこに価値があると考えるのは、国があの紙切れに価値があると言い、多くの国民がそれを信じているからだ。要するに幻想でしかない。

それは極端な意見だと若い人は言うだろう。しかし、私はそうは思わない。我々の世代は戦後、それまでのお金が通用しなくなった経験をしている。

私の父親は軍人だったが、終戦後すぐは大阪の造幣局に職を得た。その当時、父は「お金など、印刷すればいくらでもできる。そんなもののために苦労するのはアホだ」とこぼしていた。

やがて、父は公職追放となり、造幣局の仕事も失うと、我が家は貧乏のどん底となった。食べるためのお金を得るために家にある価値のあるものを次々と売っていた。母は着物が趣味で豪華な着物もいっぱい所有していたが、それもすべて手放した。それも尽きると、最後には私のひな人形まで手放した。それは祖母の手作りのものだが、私にとってはかけがえのない価値を持っていた。

母も手放すことにためらいがあったようだが、背に腹は代えられなかったのだろう。

私に内緒で手放していた。これは私にとって戦後の思い出の中で最も悲しい出来事として、今も記憶に残っている。

その後、生活に少し余裕が出てから、あのおひな様がどこかにないか、全国の古道具屋を探し回ったが、今もって出あうことができない。

我々の世代は、多かれ少なかれ同じような経験をしていると思う。お金がいかにむなしいものか、身をもって体験しているはずだ。

もちろん、働いて稼ぐのはいいが、それでも生きるのに必要最低限の金額で十分だ。わけもわからない金融商品に投資してまでお金を増やして、なんの意味があるのか。しかも、それで損をするなどばかばかしいにも程がある。

そう思っていれば、金融機関にいくら有利な金融商品だと言われても、無視できる。結果的にだまされることもなくなるのだ。

「看板に偽りあり」の社会貢献もある

心臓が動き、息をしている間は最後まで生を全うしたい。そう考えているが、死んだ後のことはまったく気にならない。

もちろん人はいつ死ぬかわからない。明日、交通事故に遭う可能性もあるし、今ならコロナに感染して重症化することも十分ある話だ。

私が今死んでしまうと、その後の処理はすべてつれあいがやることになる。家族と呼べる人間は、彼しかいないからだ。

遠い親戚や甥や姪はいるが、その人たちになにかを残すつもりはない。法定相続人という立場の人間は一人である。仮に今、私が死ねば、多少の貯金が残るが、それをどうしてくれなどと書いたりはしない。長年一緒に暮らしているのだから、私がなにを望んでいるかくらいはわかっているはずだ。そのくらいの信頼関係はある。

いや、もしかするとそれは勝手な勘違いの可能性もあるが、それはそれで構わない。若い愛人につぎ込んだとしても、どうぞご勝手に。信頼した私が間違っただけ。そも

ワクチンは開発されたとは言え、変異株が次々に登場している。結局はイタチごっこだろう。

私がコロナに対して悲観的なのは、理由がある。日本のコロナ対策が、科学に基づいていると思えないからだ。２０２２年の年初、世界で感染が爆発する中で、日本だけは不気味に収束していた。

このとき、本気でその理由を検証すれば、その後の対策にも生かせると思ったが、そんな様子はない。そして、２０２２年の8月現在、どこよりも真面目にマスクをしている日本の一日あたりの感染者数は、世界で一番多いという。

既に触れたが、カミュの『ペスト』のときと今回も一切変わっていないと思う。あのときもあれこれ対策を取ったが、最終的には自然に収まるまで待つしかなかった。おそらく、コロナもそうなるのだろう。少なくとも、そう思っていたほうが、根拠のない楽観論でいるよりも、よほど精神的には楽だ。

甘やかすのは子供のためにならない

少子化に歯止めがかからない。

厚生労働省が2022年6月に発表した数字によると、2021年の出生数は81万1604人だった。2020年と比較すると2万9231人の減少で、6年連続で過去最少を更新したそうだ。

報道では、コロナの拡大で婚姻数が減り、妊娠を控える動きが強まったためと分析していたが、かなり怪しい。

なぜならアメリカの2021年の出生数は前年比1・3%増の365万9289人で、逆に7年ぶりに増加している。国は自分たちの失敗を、常に外的要因の責任にしたいのだ。

日本で少子化が進む要因はいろいろある。一つはこの30年以上、経済が成長せず給料が上がらないため、結婚できない人が増えている。日本は学費も含め、子育てにとにかくお金がかかる。

一説では一人の子供に幼稚園から大学までに1千万円以上はかかるらしい。一方、日本の平均所得は400万円台。これでは子供など産めないとなるのも当然だ。

より潜在的な問題として、子供を大切にしすぎることが問題なのではないだろうか。子供が少ないから、せっかく生まれた子供を大切に育てたいと考える気持ちもわかるが、甘やかしすぎるのはもっとよくない。

電車の中で、小学生くらいの子供が座席に座って親が立っているのを見かけることがある。子供というのは人生で一番元気がありあまっている。そのパワーは発散させたほうがいいのだ。

子供など、ほうっておいても育つものだという。実際、世界の国では5、6歳くらいまでは面倒を見るが、そのあとはほったらかしにして育てている。

ほったらかしにされる子供は、この家にいても楽しいことはないと思うから、独立心が生まれる。独立するためにはいい仕事に就く必要があるから勉強もする。それが自然の流れだが、日本はすべてが逆になっている。

親が甘やかすから、子供は居心地のいい家から出ない。どうせ親が面倒を見てくれると思うから、勉強もしない。日本経済が停滞するのは当然だ。経済が成長しないから給料が増えず、子供が産めない。負のスパイラルにはまっている。

政府は教育現場を改革すべき

このような状況を解決するために、私はまず、教育の現場から手をつけるべきだと思う。

よく言われているように、最近は教師のなり手がいない。私はラジオ日本という放送局で審議委員を務めているが、一緒に委員を務めている料理教室の先生が、なんと中学校の教師になると言い出した。

年齢もそれなりにいっているので採用してくれる学校があるのか、私は懐疑的だったが、すぐに採用が決まった。職場では皆大喜びで大歓迎だと言う。それほど人手不足なのだ。

理由は単純で、仕事が大変だからだ。それも、報告書の作成や会議など、教育とは直接関係のない仕事に忙殺されていると聞く。これではどんなに教育に情熱を燃やして教師になっても、モチベーションが下がるだろう。

しかも、教え方においても、昔はある程度先生個人の裁量が与えられていた。教科書の内容などまったく触れずに、映画の話ばかりしていたなどという話も聞いた。

しかし今、そんなことをしたら大問題だ。ＰＴＡが黙っちゃいない。それに恐れをなした校長に「先生、困りますな。ここは先生の個性を発揮する場所じゃないのですから」と、ネチネチと絞られる姿が目に浮かぶようだ。

かくして全国で画一的な授業が繰り広げられ、個性のない子供が増える。これでは日本から画期的な発明やビジネスが生まれなくなるのも当然だ。

今のところ国別のＧＤＰではアメリカ、中国に次いで世界第3位だが、中国との差は広がるばかりだ。

一説では5年もすれば、お隣韓国に追い抜かれるという予測もあるらしい。あり得ないことではないだろう。少子化が止まらないのは、そうした暗い未来を察知しているのだろう。

簡単ではないが、千里の道も一歩から。少子化を食い止めるには、まずは教育から見直す。防衛などに予算を使うくらいなら、教育に割り当てて、多くの先生を採用して、一人の負担を軽くする。そして、教師の自由を尊重する。それしか方法はない。

「拡大自殺」にどう対処すべきか

日本と同様、韓国でも少子化が急速に進んでいるらしい。一人の女性が生涯に産む子供の数、いわゆる合計特殊出生率は0・81だとか。1・30（2021年）の日本はまだマシに見えてしまう。

韓国で子供を産まない選択をする女性が増えた理由は、競争が激しすぎて生まれた子供が幸せになれるとは思えない、ということらしい。

韓国の受験競争は熾烈《しれつ》なのはよく知られている。子供に苦労させたくない気持ちはわかるが、だから子供を産まないという選択肢がはたして正しいのか、疑問だ。

日本で少子化に歯止めがかからないのは、経済的な理由のほうが大きいように聞く。今の収入では到底子供を育てていけない、ということだ。理由は違うが、両国とも親の事情で出生率が下がっているのは共通している。

私に言わせれば、どちらも子供にエネルギーをかけすぎているのではないか。

子供のことで私が最も危惧することの一つが、自殺だ。文部科学省が発表した「令和２年度（２０２０年度）児童生徒の問題行動・不登校等生徒指導上の諸課題に関する調査」によると、自殺した小・中・高等学校の生徒数は、学校から報告があっただけで４１５人。前年度に比べても98人増で、調査開始以降最多となったという。

私も人並みに、若い頃は自殺したいと考えたことはある。思春期の若者なら決して珍しいことではない。悩むこと自体は、そんなに悪いことでもない。

ただ、若者に限ったことではないが、最近の傾向として自分一人で死ぬのではなく、他人まで巻き添えにする自殺が多いことが私は許せない。中には自分で死ぬ勇気がないから、他人を殺して死刑にしてもらおうと考える輩までいる。自分勝手の極みだ。大勢の人を巻き添えにした無差別殺傷事件を「拡大自殺」と呼ぶらしい。彼らにとっての目的は人を殺すことではなく、逮捕されて自分が死刑になることだからだ。自分一人で死ぬ勇気がないのはもちろん、一人で死ぬのは淋しいから、仲間を作りたいという気持ちもあるのかもしれない。

昔も、この世で結ばれない恋人を殺して自分もその後を追う無理心中や、貧しさや配偶者の暴力に耐えかねて子供を道連れに死を選ぶ親はいた。これらも相当に身勝手だし、共感はできないが、気持ちは理解できる。

しかし、拡大自殺の場合、殺す相手は自分とはまったく無関係の人。殺されたほうは、それこそ流れ弾に当たっただけ。死んでも死にきれないだろう。

以前、警視庁のＯＢと話をしたときも、そうした現状に警察は「ついていけない」と嘆いていた。

彼が言うには、人が不審な死を遂げたとき、最初に見るのは自殺か他殺かの判断だ。自殺が推測される場合は、他殺ではないことを証明する証拠を集めることに専念する。ところが今は、自殺希望者が他人を殺して死ぬため、どう手をつけていいのかわからないと言うのだ。

身勝手な殺人者には生涯強制労働を

昔は、自殺でも他殺でも、人が人を殺すには、それなりの強い動機もあった。しかし、今はそれが希薄になっている。動機から事件を解明することが非常に困難になったため、科学捜査に頼らざるを得ない。周囲の関係者に聞き込みをしても、事件解決のための情報が得られない。ベテラン捜査官の腕の見せ所がなくなっているそうだ。結果として街中、監視カメラだらけになってしまった。おかげで無関係な私たちまで、窮屈な暮らしを強いられる。とんだとばっちりだ。

こうした身勝手な殺人事件を食い止めるには、死刑制度も見直す必要があるだろう。

私は死刑制度自体に疑問を持っているが、自殺希望者による身勝手な殺人の場合は、何人殺そうが死刑にはしないとすべきだ。

死にたいために起こした殺人で、死刑にしても本人は喜ぶだけ。その代わり生涯強制労働させるといい。これなら多少は抑止になるだろう。

通り魔的な大量無差別殺人も増えている。自分の人生が思い通りにならないのは、社会の責任だと言って、社会に牙《きば》をむく。逆恨みもいいところだ。これも、社会が子供たちを甘やかしすぎたことのしっぺ返しの一つだろう。

それにしても、ああした大量無差別殺人が起きる度に思うのは、彼らの行動力だ。殺人の準備として包丁を購入し、放火のためにガソリンを調達。それを隠し持って犯行現場まで移動している。

その間、怪しい行動を取れば、警察に職務質問されるかもしれない。そうならないよう注意深く行動するのは並大抵の集中力ではない。

少なくとも私なら、途中で面倒臭くなってやめてしまうだろう。準備をしている間に冷静さを取り戻して、行動すら起こさない可能性も高い。

ところが、彼らはそうした苦労も厭《いと》わず、周到に準備を進め、犯行を決行した。その行動力をなにかもっと別の生産的なことに持っていけなかったのか。それだけの行動力をいい方向で生かせれば、もっといい人生を手に入れられていた可能性もあっただろう。それができていないことにこそ、日本の抱える問題があるのかもしれない。

親は引きこもりの子供を放り出せ

引きこもりという言葉が聞かれるようになって久しい。

おそらく皆さんの周りにも一人や二人、引きこもりの子供や孫を抱えている人がいるはずだ。

引きこもりの人数はどのくらいいるのか。定義が曖昧《あいまい》なため正確な数字ではないが、若年無業者の数は87万人以上だそうだ。87万人と言えば、ちょっとした政令指定都市の人口より多い数になるのだから、驚きだ。

男女比で見ると、引きこもりのうち、およそ8割が男性らしい。余談だが、引きこもりにからむ重大事件に女性が登場するのは見た記憶がない。暴力に走ることがないから、加害者にも被害者にもなりにくいのかもしれない。

ただ、この引きこもり問題は近い将来、解決に向かうと私は予想している。我々の子供時代と言えば、まさに戦争の最中だったから、親に甘えたくても甘えられなかった。経済的にも男親は戦争に取られていたし、女親も皆働いていた。食料不足になってからは、食べるものを得るために大切にしていた着物を売っていた。そんな姿を見れば、子供心に自分のことは自分でやらなければいけない、と考えたものだ。

引きこもりの子供をこれだけ養えてきたのは、日本がそれだけ豊かになったことの副作用と言ってもいい。ところが幸か不幸か、日本経済は急激に貧しくなっている。本来なら、これで引きこもりも減っていくはずだ。

ただ、それまではもう少し時間がかかるかもしれない。子供は引きこもって、社会がどんな状況なのかについて目を向けようとしていないし、親は親で自分が食べなくても子供の面倒を見ようとする。そうした状況が限界になるまでは、さらに不幸な事件も起きるだろう。

そうならないためには、どんなに辛くても、親が子供を放り出すしかない。

「今まではなんとか面倒を見たが、もう限界だ。このままでは共倒れになる。もう出て行ってくれ」と正直に宣言する。それしか方法はない。

そんなことを言えるのはあなたに子供がいないからだ、と言われるかもしれない。実際、友だちにもそう言われたことがある。しかし、それこそ現実から目を逸らしているだけではなかろうか。

親殺し、子殺しの根底に社会性の欠如

引きこもりも、おとなしく自室で静かにまんがを読み、ゲームをしているだけなら

なんの問題もない。親は心配かもしれないが、ある意味、勝手にすればいい。困るのは、暴力事件を起こしてしまう例があることだ。

引きこもりの子供が、親を殺す事件が後を絶たない。殺すところまでいくかどうかは別にすれば、子供にとって親は目の上のたんこぶなのは間違いない。お金さえ出してくれれば、いなくなってくれたほうがいい。そういう存在だ。私もそう思っていた。

うちの父親は職業軍人だったから、家庭ではとかく厳しかった。だから兄は中学に上がる頃になると「とてもじゃないが、あんな奴の話など聞けない」と、いつも思っていたようだ。実際、二人はしょっちゅう喧嘩をした。それも口論ではなく、殴り合いだ。女の私からすると、どちらかが殺してしまうのではないか、と怖くて仕方なかった。

今から思うと、一線は越えないようにはしていたのだと思うが、なにかの弾みで殺人事件になる可能性はあった。特に子供の側は、親に比べると冷静さが保てない。恨みが極限まで溜まって、そこに凶器があれば、やってしまうことは十分にあり得る。

近年起きている親殺しの場合、理解できないのは、その動機だ。

２０２０年大みそかの夜、自宅で引きこもり生活を18年間続けた41歳の男が、72歳の母親と42歳の姉を殺害する事件が起きた。法廷で殺害した理由として語った言葉は「安定した低空飛行だった引きこもり生活をつぶされた」だった。

20年近く引きこもりを容認していたのだから、事件の直前に大きな変化があったというよりも、引きこもりが長期化したことで溜まったストレスが決壊したのではないだろうか。

コロナ騒ぎ以降、外食や旅行が制限され自宅にいる時間が長くなっただけで、私たちもかなりストレスを感じている。何十年も続けば、おかしくならないほうが不思議だ。

最初は自発的に引きこもったかもしれないが、それが長期化するに従い、そうしたことも忘れ、自分がこうなってしまった原因を外に求めるようになる。要するに、自分はあくまで被害者という前提で、加害者捜しをし始める。

しかし、そんな者がいるはずがない。結局は手近にいる家族に対し、「自分がこうなってしまったのは家族のせいだ。あいつらを殺すしかない」となってしまうのではないだろうか。

親としては殺されないために、子供が一日も早く独立するように育てることだ。家に置いておくから、子供に不満が溜まるのだ。

そのためにも甘やかしすぎないこと。食事など最低限は面倒を見なければいけないが、高校生になったら、小遣いも与える必要はない。あとは自分でやりなさい、だ。そうすれば、子供とすれば家にいる意味はないから、とっとと出て行くだろう。

かつては、引きこもりの子供が、社会への逆恨みから起こす通り魔事件や、引きこもりを注意されたことに逆上して親を殺す事件が中心だったが、最近は親が引きこもりの子供を殺す例も出てきた。

２０１９年６月１日、元農林水産事務次官の父親が、自宅で当時44歳の無職の長男を刺殺した事件など、社会に大きな衝撃を与えた。

家庭内のことだから、詳しい事情はわからない。あくまで一般論だが、私は親を殺す子供も、子供を殺す親も、基本は同じだと思う。どちらも社会性が極端に欠如している。

このまま放置していると子供がなにかよからぬことをしてしまうかもしれないとか、または自分が殺されると思ったのだろうが、親のほうに多少社会性があれば、外部の専門家などに相談して対処することもできたはずだ。

それをしないで安易な方法を選ぶのは、社会人としての責任を放棄しているとしか思えない。自立していないのだ。

家族といえども、油断できない

子供に自分の介護を無理矢理強要している親も多いと聞くが、これも将来恐ろしいことになりはしないか心配だ。ある意味、子供を強制的に引きこもり状態にしているようなものだ。

90代の女性からこんな話を聞いた。２つ年上の夫はかなり認知症が進んでいる。自分一人では面倒を見られないから、60代の息子に同居してもらうことにした。

息子は独身だから、快く応じてくれた。ただ、介護の期間が長引くにつれ、息子の様子が変わった。酒に溺《おぼ》れるようになり、介護にも協力しなくなる。今では父親の顔を見る度に「お前、まだ生きてんのか、早く死ねよ」と、暴言を吐く。暴力を振るうことはないものの、父親がお風呂に入っていると、わざと照明を消すなどの嫌がらせをする。このままでは、いずれは息子が父親を殺しかねないと危険を感じた女性は、行政に相談し、夫婦とも施設に入ったそうだ。

この夫婦は、自分たちで行動したから事なきを得たが、そうでなければ新聞の三面記事に載ってもおかしくない。そんな危険なことを自分がしているということを理解すべきだろう。

海が見えないほどの防潮堤になんの意味が？

21世紀に入ってから大規模な災害が頻発している。東日本大震災に始まり、豪雨による川の氾濫も数年おきに起きているし、足下ではコロナ禍が一向に収まりを見せない。

しかし、これこそが日本の文化や伝統を形作ってきたものなのかもしれない。言うまでもなく、日本は太古の昔から災害に見舞われてきた。それは鎌倉時代の『方丈記』を見ればわかる。

鴨長明が著した『方丈記』には「ゆく川の流れは絶えずして」とあるが、あれは平安時代も災害が続き、長明の隠居住まいもその度に移動せざるを得なくなったということだ。そう考えると、今の状況もまさにそのときとそっくりだ。

先日、五木寛之さんがどこかで「今は地獄の釜の蓋が開いてしまった」と表現されていたが、それはつまり、平安時代と同様の最悪の時代が訪れているという意味だ。まさに、その通りだと私も思っている。

自然災害で大きな被害が出ると、次の災害に備えて対策が取られる。川が氾濫すれば堤防が作られ、津波が起これば防潮堤が建設される。こうした対策もある程度は必要だが、対策で自然を克服できるという考えは疑問だ。

どんなに事前にシミュレーションを行い、準備をしても、常に想定外の事態が起きるものだ。福島第一原発事故を見れば、一目瞭然だろう。私に言わせれば、想定外が起きるのが世の中であり、今自分が生きていること自体、想定外だ。

実際に東日本の太平洋沿岸部を守るために、総延長約400キロのコンクリートの壁、「巨大防潮堤」がつくられつつある。津波対策のために海が見えないほど高い防潮堤を作れば、陸地まで津波が来ない可能性は高まるかもしれないが、日常において海の気配すら感じられないようにして、なんの意味があるのか。まさに本末転倒である。

「住民を守るために私は仕事をした」と、政治家が自慢し、大きな仕事を受注できる建設業者が儲かるだけだ。

むしろ、災害対策に莫大なお金をかけるなら、災害が起きて被害を受けた人が生活再建できるために予算を使うほうが合理的だ。

年寄りが仮設住宅から離れられない理由

3・11東日本大震災から2022年で11年がすぎた。被災した人にとっては今も振り返る過去ではない。

震災直後は最大11万人が暮らしていた仮設のプレハブ住宅は撤去されたが、2022年2月の時点で、3万8139人が避難生活をしているそうだ。

その多くは高齢者で、国が借り上げた賃貸住宅、いわゆるみなし仮設住宅で暮らしている。

みなし仮設と言っても、元々は一般用の賃貸住宅だから住環境自体が改善されたのはたしかだが、それですべての避難者が喜んでいるとは限らない。

仮設住宅はプレハブ造りで夏は暑く冬は寒い。防音もしっかりしているわけではないから、家族で暮らすにはプライバシーの問題もあったはずだ。だが、そこに10年も住み続けていれば、一つの社会ができている。

元々同じ地域に住んでいた人だし、同じように被災したという連帯感もある。元の家からも比較的近い距離の場所だから、安心感もあっただろう。

ところが、みなし仮設はそれらがすべてなくなってしまう。特に高齢者は適応力が若い人に比べて劣る。新たな環境に馴染めず、苦しむ人も出るはずだ。そんなときに相談できる友だちもいない。はたして、それが被災者のためなのか。私には到底、被災者に寄り添った政策とは思えない。

かつて阪神・淡路大震災の後、神戸で被災した人のために新たな住宅を用意したが、そこでの生活に馴染めない人も多かった。中には孤独死に至った人もいる。

住環境を整えることは大切だが、それ以上に大切なのは、そこで暮らす人の心。心と心のつながりが持てる、そんな環境を用意することこそが、被災した人への思いやりなのではないだろうか。

いっそ、汚染された状態でも生まれ育った場所で暮らせるようにしてはどうかという意見もある。原発事故で汚染された場所を完全に除染するのは、簡単ではない。時間の経過と共に放射線量は下がるが、ゼロになるまでには、まだ数百年はかかるらしい。事故で被災した人が生きている間に達成することは困難だろう。

とは言え、被爆のリスクがある場所に戻ることにはさまざまな問題がある。高齢者が生活するためには、必要なサービスを提供する人が不可欠。その人たちまで巻き込むことは許されない。残念だが、これに関してはベストと言える解決策はない。だからこそ、原発などというものを作ってはいけなかったのだ。

3・11東日本大震災で私たちは原発の怖さを知識ではなく、実感として知った。遅まきながらこれで、原発への反対運動が全国で盛り上がり、原発は終焉《しゅうえん》を迎えるに違いない。私も含めそう思った人は少なくないはずだ。

だが、結局なにも変わらなかった。

80歳で引退するのはまだ早い!

福島第一原子力発電所は、今もトラブルが後を絶たない。廃炉に向けた工程表は作ったものの、まったくその通りには進まない。それどころか原発を冷やした汚染水の置き場所がなくなるからと言って、海に放出しようとしている。それも汚染水ではなく、処理水と言い換えて世間を煙に巻こうとしているのだから、悪質だ。

ロシアがウクライナに軍事侵攻してロシア産の原油が手に入らなくなり、原油価格が上昇し始めると、「原発再稼働を進めてはどうか」と言い出す為政者までいる。のど元すぎれば熱さ忘れるという言葉もあるが、あまりの無責任さに呆れてものが言えない。

どんな理屈をこねても、原発はやめるべきだ。再生可能エネルギーだけでは供給が不安定なのはわかるが、そんなことを言っていたら、いつまでたっても現状のまま。一歩も進まない。

むしろ、全国にある原発をすべて廃炉と決めて、原発維持のためにかかっている予算を高齢者対策に振り向ければ、ヘルパーの人材不足も一気に解決できる。

再生可能エネルギーの開発に使えば、日本はこの分野で世界のトップに立つこともできるだろう。そのノウハウを世界に輸出すれば、経済的にもメリットがあるし、なにより世界から尊敬される。

最近は防衛の分野でも一定の責任を果たすなどと言っているが、そんなことをしても誰にも喜ばれない。敵を増やして、恨まれるだけだ。

原発反対運動の急先鋒と言えば、小泉元首相だった。現職時代は原発推進派だったが、3・11を経て考えを改めた。もっと早く気づいて欲しかったが、あの変わり身の早さも彼の才能だろうと評価していた。

ところが、ここにきて驚くニュースが飛び込んできた。十年近く続けてきた原発ゼロを訴える講演会活動をやめると言い出したのである。しかもその理由が高齢。「いつ体調が悪くなるかわからない。一年前にいいと言っても、行けなくなったら来た人に悪いから」と。彼はまだ80歳になったばかり。私より年下なのに、体調のことは本人しかわからないが、非常に残念である。

彼が離脱しても、我々高齢者はもっと大きな声で原発反対を叫ばないといけない。平和利用だと言っても、原発からも原爆が作れる。津波による事故やテロに狙われる可能性だってある。誰がどう考えても、危険なものであることは否定できない。最近は北朝鮮に加えて、ロシアまで日本に対して威圧目的の行動を起こし始めた。万が一、ミサイルが原発に命中すれば、原爆並みの被害になることは避けられない。しかも、政府はそうした危険についての対策は一切していないと平然と言っている。国民を守る気持ちはないのだろうか。だからこそ、戦争を知っている我々が、原発に反対するのは責務だ。最後のお勤めと思って、立ち上がろう。

二度と同じ事故は起きないよう対策をすると言っても、こればかりは絶対はあり得ない。それに気づいたときは、後の祭りだ。

しかし、本音を言えば、次に再び原発事故が起きても、反省するのはおそらくその瞬間だけ。また元に戻ってしまう。それが日本人なのかもしれない。

もんじゅの維持に一日5400万円かかっている！

極めて危険な存在である原発がなぜ、今もってなくならないのか。

そこには２つの理由があると私は考える。

第一は、人間の持つ弱さが関係している。

正確には原子力発電所ではないが、福井県敦賀《つるが》市にある日本原子力研究開発機構の高速増殖炉「もんじゅ」を見学したことがある。たしか２０１０年頃だった。評論家の木元教子さんに誘われて、『広告批評』主宰の天野祐吉さんと一緒だった。

もんじゅは１９９５年に、冷却材の金属ナトリウムの漏洩《ろうえい》から火災事故を起こした。事故をかなりの間、隠蔽《いんぺい》していたことが発覚して大きな批判を浴びたわけだが、その後、運転再開のための本体工事が２００７年に完了し、再稼働を目指していた頃だったと思う。

電力会社はこんなに完璧に修理しましたよ、というのをアピールしたかったのだろう。そうした意図はうすうす感じたが、滅多に見られるものではないだけに、野次馬根性で出かけることにした。

現場に到着してまず驚いたのは、修復工事のお粗末さだった。私には傷口に絆創膏《ばんそうこう》を貼っているだけのようにしか見えないのだ。

思わず「本当にこれで大丈夫なの？」と尋ねてしまった。ガイドを務めてくれた担当者は「もちろんです」と断言するのだが、私には到底納得できるものではなかった。

実際、もんじゅは、その後も事故を繰り返し、再稼働することなく、２０１６年に廃炉が正式決定されたのだから、私の直感は正しかったことになる。

しかも、廃炉が決まった今も、完全には停止できず、年間に維持費が２００億円もかかっている。一日に換算すると５４００万円と言うから、呆れてものが言えない。

しかし、私はこの話をこれまであまりしたことがない。記事にすることが前提の取材ではなかったし、私自身が原子力発電について専門的な知識があるわけでもないということもあるが、他にも理由がある。

実はこの見学会で、ものすごい接待を受けてしまったのである。それは本当に豪華な食事で、おまけにお土産にどうぞと、山のような越前ガニを手渡された。こんなものをもらうと面倒だなとは思ったのだが、困ったことにうちのつれあいはカニが命と言うほどの好物。結局断れなかった。どうも後ろめたさから、あのときのことは積極的に喋れなくなってしまったのである。

しかも、よく考えれば、あの接待費用も税金なのだ。これは本当に怖いことだと思った。

一度でも接待を受ける側に回ってしまうと、真実から目を逸らしてしまう。それは、原発を抱える自治体が、助成金のおかげで苦労せずに暮らせるようになると、反対できなくなるのと同じだろう。

地元の政治家は、原発を容認する立場を表明すれば、私の例でもわかるように、原発を進めたいグループから金銭的な支援が受けられるのは、安易に想像できる。そのお金で選挙を有利に運ぶこともできる。

選挙で当選すれば、こっちのもの。民意を得たとして、堂々と原発を維持できるし、それによって得られた交付金で地元にはピカピカの公共施設ができる。産業がない地域にも雇用が生まれる。一度このサイクルができ上がってしまったらもう後の祭り。引き返すのは容易ではない。

頭では、「原発は恐ろしい。一度事故が起きると地域が死んでしまう。子供に渡すべき故郷を奪うことになる」とわかっていても、動けなくなる。麻薬が自分の身体をむしばんでいると知りながら、断ち切れない中毒患者そのものだ。

だからこそ、最初からきっぱり断るべきなのだ。これは自戒を込めて訴えたい。

ウクライナで戦争が始まって以降、原発再稼働どころか新設してもいいのではないかと言う声も聞く。たしかに足下では世界的なエネルギー不足で原油の値段は高騰している。家計に与える影響は少なくないだろう。

しかし、だからと言って原発を動かしてもいい、となる気持ちが理解できない。お金など、所詮はお金でしかない。そんなもののために命を脅かすものを認めてはいけない。そのためにも、経済性よりも人の命や地球の安全をなにより優先する価値観に転換しないといけないと私は考えている。

幻冬舎新書 667

老人をなめるな

二〇二二年九月三十日 第一刷発行
二〇二二年十月二十日 第二刷発行

著者 下重暁子
発行人 見城徹
編集人 小木田順子
編集者 四本恭子

発行所 株式会社 幻冬舎
〒一五一—〇〇五一 東京都渋谷区千駄ヶ谷四—九—七
電話 〇三—五四一一—六二一一（編集）
〇三—五四一一—六二二二（営業）
公式HP https://www.gentosha.co.jp/

ブックデザイン 鈴木成一デザイン室
印刷・製本所 株式会社 光邦

検印廃止

Printed in Japan ISBN978-4-344-98668-8 C0295
し-10-6